Blum · Opferschutz und Opferhilfe

Grundlagen
Die Schriftenreihe der „Kriminalistik"

Opferschutz und Opferhilfe

Handlungsempfehlung für die Polizeiarbeit

von

M. Carolin Blum

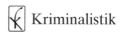

Bibliografische Information Der Deutschen Nationalbibliothek

Die Deutsche Nationalbibliothek verzeichnet diese Publikation in der Deutschen Nationalbibliografie; detaillierte bibliografische Daten sind im Internet über <http://dnb.d-nb.de> abrufbar.

ISBN 978-3-7832-0064-5

E-Mail: kundenservice@cfmueller.de

Telefon: +49 6221/1859 599
Telefax: +49 6221/1859 598

www.kriminalistik.de
www.cfmueller.de

© 2021 C.F. Müller GmbH, Waldhofer Straße 100, 69123 Heidelberg

Dieses Werk, einschließlich aller seiner Teile, ist urheberrechtlich geschützt. Jede Verwertung außerhalb der engen Grenzen des Urheberrechtsgesetzes ist ohne Zustimmung des Verlages unzulässig und strafbar. Das gilt insbesondere für Vervielfältigungen, Übersetzungen, Mikroverfilmungen und die Einspeicherung und Verbreitung in elektronischen Systemen.

Satz: preXtension, Grafrath
Druck: CPI books, Leck

Vorwort

Mit dem vorliegenden Handbuch soll ein Beitrag dazu geleistet werden, dass Polizeianwärterinnen und Polizeianwärter in Ausbildung ein Gefühl dafür bekommen, wie wichtig polizeilicher Opferschutz ist. Es soll vermittelt werden, dass vertieftes Wissen rund um den polizeilichen Opferschutz und rund um professionelle Opferhilfe mehr ist, als bloßer Bestandteil der theoretischen Fachausbildung. Denn für die Betroffenen, die Opfer, eben jene Menschen, die sich an die Polizei wenden, um nach einer einschneidenden Erfahrung Hilfe und Rat zu erhalten, ist es essentiell, dass sie Polizistinnen und Polizisten begegnen, die sich neben ihrer Rolle als Ermittlungsperson der Staatsanwaltschaft auch die Rolle des „Freund und Helfers" verstehen. Hierzu bedarf es nicht nur eines fundierten Wissens rund um die Themen Opferschutz und Opferhilfe, sondern auch eines gewissen Einfühlungsvermögens und Verständnis für die Situation der Opfer. Auch dazu gehört die Überzeugung und innere Einstellung, dass Opferschutz auch Aufgabe der Polizei ist.

Darüber hinaus soll dieses Buch auch für Polizistinnen und Polizisten im aktiven Dienst als neuer Anstoß dienen, sich nochmals mit den Themenfeldern Opferschutz und Opferhilfe auseinanderzusetzen, Wissen darüber zu vertiefen und, wo nötig, zu aktualisieren. Im Kontext eines aktuellen Wertewandels in der Gesellschaft mit Fokus auf Hilfe und Unterstützung für Opfer von Straftaten kann so jede Polizeibeamtin und jeder Polizeibeamte seine Einstellung zum Thema Opferschutz überprüfen und ggf. anpassen.

Aber auch für Ausbilder, Führungskräfte und Entscheidungsträger innerhalb der Polizei soll das vorliegende Handbuch einen Mehrwert bedeuten. Neben theoretischem Wissen, Erkenntnissen aus Forschung und Wissenschaft und individuellen Handlungsanleitungen für jede einzelne Polizeibeamtin und jeden einzelnen Polizeibeamten finden sich mit Blick auf einen verbesserten Opferschutz weitere Lösungsansätze, die einem bedürfnisorientierten und adäquaten Umgang der Polizei mit Kriminalitätsopfern gerecht werden.

Opferschutz ist Aufgabe einer jeden Polizeibeamtin und eines jeden Polizeibeamten, von der Bereitschaftspolizei, der Schutzpolizei über die Kriminalpolizei bis hin zur Behördenleitung und darüberhinaus.[1]

Bad Ems, März 2021 *M. Carolin Blum*

---

[1] An dieser Stelle soll angemerkt werden, dass zugunsten einer besseren und angenehmeren Lesbarkeit dieses Buches auf die Verwendung von weiblichen und männlichen Artikeln und Endungen bewusst verzichtet wird. Grundlegend ist immer jede Person gemeint, die einem Berufsstand, bspw. „Polizei" oder einer irgendwie anders normierten Gruppe wie bspw. „Opfer" unterliegt.

Inhaltsverzeichnis

Vorwort V
Abkürzungsverzeichnis IX

I.	**Einleitung**	1
1.	Warum polizeilicher Opferschutz wichtig ist	1
2.	Aufbau des vorliegenden Handbuchs	5
II.	**Legalitätsprinzip**	8
1.	Allgemeine Begriffsbestimmung	8
2.	Historische Entwicklung des Legalitätsprinzips	8
3.	Begriffsbestimmung vor dem Hintergrund des geltenden Rechts	11
4.	Abgrenzung zum Opportunitätsprinzip	13
5.	Aufgaben und Verpflichtung der Polizei	16
5.1	Doppelrolle der Polizei	16
5.2	Verpflichtung zum Legalitätsprinzip	18
6.	Zusammenfassung	21
III.	**Viktimologie**	22
1.	Begriffsbestimmung	22
2.	Entstehungsgeschichte der Viktimologie	23
3.	Opferbegriff	24
4.	Forschungsaufgaben der Viktimologie	28
4.1	Opfertypologien	28
4.2	Viktimisierung: primär, sekundär, tertiär und quartär ...	30
4.2.1	Primäre Viktimisierung	31
4.2.2	Sekundäre Viktimisierung	32
4.2.3	Tertiäre Viktimisierung	34
4.2.4	Quartäre Viktimisierung	35
4.3	Anzeigeverhalten	36
5.	Zusammenfassung	39

IV.	**Opferschutz und Opferhilfe**	40
1.	Opferschutz	40
1.1	Entwicklung des Opferschutzes in Deutschland – ein Überblick	41
1.2	Polizeilicher Opferschutz	50
2.	Opferhilfe	52
2.1	Opfertypbezogene Beratungsstellen	57
2.2	Mindestanforderungen an die Opferhilfeeinrichtungen	59
2.3	Fort- und Weiterbildungsangebote für externe Stellen	60
3.	Zusammenfassung	61
V.	**Herausforderungen und Handlungsmöglichkeiten**	63
1.	Anzeigeverhalten	65
2.	Informationsdefizite	68
3.	Strafvereitelung im Amt	74
4.	Selbstverständnis der Polizei/„Cop Culture"	79
5.	Ausbildung von Polizeibeamten	84
6.	Personalstruktur des polizeilichen Opferschutzes	93
7.	Zusammenfassung	101
VI.	**Weitere Lösungsansätze zur Optimierung des (polizeilichen) Opferschutzes**	104
1.	Einrichtungen im Ausland – ein Blick über den Tellerrand	104
2.	Haus des Opferschutzes und der Opferhilfe (HdOO)	107
3.	Informationsquellen für Beratungssuchende und Polizeibeamte	116
3.1	Informationsmöglichkeiten für Beratungssuchende	116
3.2	Informationsmöglichkeiten für Polizeibeamte	124
4.	Opfer-Hilfe-App (OHA)	130
5.	Zusammenfassung	131
VII.	**Schlusswort**	133
	Literatur- und Quellenverzeichnis	137
	Sachverzeichnis	145

Abkürzungsverzeichnis

ABl	Amtsblatt
ado	Arbeitskreis der Opferhilfe in Deutschland e.V., gegründet 1988
BAFzA	Bundesamt für Familie und zivilgesellschaftliche Aufgaben
BKA	Bundeskriminalamt
BfV	Bundesamt für Verfassungsschutz
BGBl.	Bundesgesetzblatt
BGH	Bundesgerichtshof
BPol	Bundespolizei
BMI	Bundesministerium des Innern (bis 14.3.2018)
BMJ	Bundesministerium der Justiz (bis 16.12.2013)
BMJV	Bundesministerium der Justiz und für Verbraucherschutz
BMAS	Bundesministerium für Arbeit und Soziales
BMFSFJ	Bundesministerium für Familie, Senioren, Frauen und Jugend
bspw.	beispielsweise
BVerfG	Bundesverfassungsgericht
BVerwG	Bundesverwaltungsgericht
BVerwGE	Entscheidungen des Bundesverwaltungsgerichts (Amtliche Sammlung)
BVG	Gesetz über die Versorgung der Opfer des Krieges (Bundesversorgungsgesetz), letzte Änderung 21.12.2020
bzgl.	bezüglich
bzw.	beziehungsweise
ca.	circa
d.h.	das heißt
djb	Deutscher Juristinnenbund e.V.
DPolBl	Deutsches Polizeiblatt, Fachzeitschrift
etc.	et cetera
EU	Europäische Union
ff.	fortfolgende

GewSchG	Gewaltschutzgesetz
gem.	gemäß
ggf.	gegebenenfalls
GG	Grundgesetz, letzte Änderung 29.9.2020
GVG	Gerichtsverfassungsgesetz, letzte Änderung 16.10.2020
HdOO	Haus des Opferschutzes und der Opferhilfe
IFSH	Institut für Friedensforschung und Sicherheitspolitik an der Universität Hamburg
JGG	Jugendgerichtsgesetz, letzte Änderung 9.12.2019
KFN	Kriminologisches Forschungsinstitut Niedersachsen e.V.
KrimZ	Kriminologische Zentralstelle e.V.
LSJV	Landesamt für Soziales, Jugend und Versorgung Rheinland-Pfalz
LVS	Lehrveranstaltungsstunden
NGO	Non-governmental Organisation (Nichtregierungsorganisation)
NJW	Neue Juristische Wochenschrift
NS-Zeit	Zeit des Nationalsozialismus
ODABS	Online-Datenbank für Betroffene von Straftaten
OEG	Opferentschädigungsgesetz, letzte Änderung 15.4.2020
OpferRRG	Opferrechtsreformgesetz, letzte Änderung 21.12.2015 zum 3. OpferRRG
OSZE	Organisation für Sicherheit und Zusammenarbeit in Europa
OSchG	Erstes Gesetz zur Verbesserung der Stellung des Verletzten im Strafverfahren (Opferschutzgesetz), in der Fassung vom 18.12.1986
PDV	Polizeidienstvorschrift
PKS	Polizeiliche Kriminalistik; jährlich herausgegeben vom Bundeskriminalamt
POG	Polizei- und Ordnungsbehördengesetz Rheinland-Pfalz, letzte Änderung 23.9.2020
ProPK	Programm Polizeiliche Kriminalprävention der Länder und des Bundes

Abkürzungsverzeichnis

PsychPbG	Gesetz über die psychosoziale Prozessbegleitung im Strafverfahren, letzte Änderung 21.12.2015
RGBl	Reichsgesetzblatt
RiStBV	Richtlinien für das Strafverfahren und Bußgeldverfahren
S.	Seite
s.	siehe
SER	Gesetz zur Regelung des Sozialen Entschädigungsrechts vom 12.12.2019
sic!	wirklich so! (lateinisch: sîc erat scriptum)
SSWA	Strafrechtswinkel Amsterdam
StGB	Strafgesetzbuch, letzte Änderung 10.7.2020
StORMG	Gesetz zur Stärkung der Rechte von Opfern sexuellen Missbrauchs, letzte Änderung 26.6.2013
StPO	Strafprozessordnung, letzte Änderung 10.7.2020
TOA	Täter-Opfer-Ausgleich
u.a.	unter anderem
vgl.	vergleiche
vs.	versus
VSE	Victim Support Europe, gegründet im Jahr 1990
z.B.	zum Beispiel
ZSchG	Zeugenschutzgesetz, seit dem 1.12.1998 in Kraft

I. Einleitung

1. Warum polizeilicher Opferschutz wichtig ist

„*Aufgabe eines sozialen Rechtsstaats ist es nicht allein, darauf zu achten, dass die Straftat aufgeklärt und Schuld und Unschuld in einem rechtsstaatlichen Verfahren festgestellt werden, sondern auch, dass die Belange des Opfers gewahrt werden*"[2].

Diese Aussage des Bundesgerichtshof (BGH) spiegelt die vor ca. 30 Jahren begonnene „Renaissance des Verbrechensopfers"[3] wider. Die Themen Opferschutz und Opferhilfe weisen heute eine hohe Relevanz in den aktuellen kriminalpolitischen und viktimologischen Diskussionen auf. Schon lange nicht mehr steht alleine der Täter im Mittelpunkt des deutschen Strafverfahrensrechts. Heute, mehr denn je, treibt das Verbrechensopfer die Kriminalpolitik und die Gesetzgebung an. Unsere Aufmerksamkeit, unser Interesse und auch unser Mitgefühl wandern vom Täter zum Opfer.[4] Diesem Paradigmenwechsel in Richtung mehr Sensibilität für die Belange des Opfers ist es zu verdanken, dass in Deutschland eine Reform der Opfergesetze stattgefunden hat.[5] Verdeutlicht wird das gesteigerte Interesse am Verbrechensopfer auch durch die Statistik über die Betroffenen von Straftaten im Rahmen der Polizeilichen Kriminalstatistik (PKS).[6]

Doch Opferschutz und Opferhilfe bedeuten nicht nur, dass das Opfer per Gesetz mehr Rechte im Strafverfahren erhält, sondern, dass darüber hinaus eine allumfassende und professionelle Unterstützung bei der Verarbeitung der Viktimisierung über das Strafverfahren hinaus möglich wird.[7] An diesem Prozess sind Akteure wie Gericht, Staatsanwaltschaft und Polizei im besonderen Maße beteiligt, da sie als Strafverfolgungsorgane für die Aufklärung und Ahndungen von Straftaten verantwortlich und an die Regelungen der Strafprozess-

---
2 *BGH*, Urt. v. 11.1.2005-1 StR 498/04, NJW 2005, 1519.
3 Vgl. *Weigend* 2010, S. 39 ff.
4 *Hassemer/Reemtsma* 2002, S. 13.
5 Vgl. *Steffen* 2013, S. 64.
6 Vgl. BKA 2020, S. 11-33.
7 Vgl. *Hartmann*/ado e.V. 2010, S. 10.

ordnung gebunden sind. Insbesondere unterliegen Staatsanwaltschaft und Polizei dem sogenannten Legalitätsprinzip und den „[...] aus den §§ 152 II, 160, 170 Strafprozessordnung (StPO) folgenden Verpflichtungen [...] bei Vorliegen des Verdachts einer strafbaren Handlung den Sachverhalt zu erforschen und vor Gericht Anklage zu erheben [...]"[8]. Die zahlreichen, vielfach ehrenamtlichen oder in Trägerschaft der Justiz geführten Opferhilfeeinrichtungen stellen darüber hinaus wichtige Pfeiler zum Schutz der Opfer von Straftaten dar.

In vorliegendem Handbuch steht die Polizei als Akteur des Opferschutzes und Unterstützer einer professionellen Opferhilfe im Fokus. Denn häufig beginnt der erste Weg des Opfers mit dem Gang zur örtlichen Polizeistation – meist unwissend dessen, dass die Polizei bestimmten Gesetzmäßigkeiten unterliegt.[9] Denn als Ermittlungspersonen der Staatsanwaltschaft haben Polizeibeamte nicht nur die Aufgabe, Gefahren für die öffentliche Sicherheit und Ordnung abzuwehren, sondern müssen im Falle des Bekanntwerdens von Straftaten auch repressiv einschreiten (Legalitätsprinzip). Während für die Polizei bei gefahrenabwehrenden Maßnahmen sowie bei Ordnungswidrigkeiten und Privatklagedelikten das sogenannte Opportunitätsprinzip gilt – also ein Einschreit- und Auswahlermessen besteht, welches in den jeweiligen Landespolizeigesetzen geregelt ist –, ist sie gem. § 163 I S.1 StPO bei allen repressiven Maßnahmen dem Legalitätsprinzip unterworfen. Hiernach haben die Behörden und Beamten des Polizeidienstes Straftaten zu erforschen und alle keinen Aufschub gestattenden Anordnungen zu treffen, um die Verdunklung der Sache zu verhüten.

Im Rahmen ihrer Ermittlungstätigkeit ist die Polizei in hohem Maße von der Anzeigebereitschaft der Bevölkerung abhängig, denn ohne sie würde der überwiegende Teil der Straftaten überhaupt nicht bekannt werden.[10] Aus der im Jahr 1998 durchgeführten Bochumer Dunkelfeldstudie III geht hervor, dass der häufigste Grund für eine Anzeigenerstattung der Schadensersatz von der Versicherung darstellt.[11] Auch aus dem Deutschen Viktimisierungssurvey 2017 ist zu

---
8 *Deiters* 2006, S. 3.
9 Vgl. *Linke* 2010, S. 147.
10 Vgl. *Kühne* 2015, S. 211.
11 Vgl. *Schwind* 2016, S. 432 ff.

entnehmen, dass bei einem entstandenen Sachschaden der Erhalt einer Entschädigung mit der häufigste Grund für die Erstattung einer Anzeige bei der Polizei ist.[12] Die hier betroffenen Opfer suchen die Polizeidienststelle insbesondere gezielt zur Erlangung einer Bestätigung über die Erstattung einer Strafanzeige auf, welche sie zur Vorlage bei der Versicherung benötigen. Viele von ihnen wissen jedoch nicht, dass das Erhalten eines solchen Nachweises mit dem Einleiten eines Ermittlungs- und damit Strafverfahrens verbunden ist. Darüber hinaus sind die Betroffenen wenn sie zur Polizei kommen über den Ablauf eines Ermittlungs- und Strafverfahren in der Regel meist schlecht bis gar nicht informiert.[13] Im Falle eines rein materiellen Schadens wirkt sich dieses Informationsdefizit jedoch nur selten aus – die Versicherung reguliert den Schaden und die Situation ist für das Opfer hiermit meist geklärt. Diesbezüglich sind Details zum Verfahrensablauf etc. für diese Opfer in der Regel nur selten von Interesse. Mit Blick auf die reine Regulierung von entstandenen Sachschäden wirkt sich das Legalitätsprinzip in der Regel daher nicht negativ aus.

Betrachtet man jedoch jene Opfer, welche insbesondere psychisch und physisch geschädigt wurden, kann der Legalitätsgrundsatz große Folgen haben. Denn hat das Opfer einen emotionalen, psychischen oder physischen Schaden erlitten, welcher von keiner Versicherung ausgeglichen werden kann, so ist es das erste Bestreben der Opfer, das bestehende Informationsdefizit zunächst zu schließen. Hierzu suchen Opfer häufig die nächste Polizeidienststelle auf, um sich in einem Gespräch Hilfe zu holen und sich über ihre Rechte beraten zu lassen. Denn nicht immer gelingt es, sich durch Internetrecherche oder verfügbare Broschüren tatsächlich umfassend und vor allem korrekt zu informieren. Und auch wenn mittlerweile eine Vielzahl gut organisierter und qualifizierter Hilfsangebote für Opfer existiert, so führt sie der erste Weg zwangsläufig zur Polizei, weil sie glauben, dass ihnen dort auf jeden Fall geholfen wird. Dass der erste Weg zur Polizei führt, liegt auch daran, dass Kriminalitätsopfer nach wie vor der Polizei ihr Vertrauen schenken.[14]

---

12 Vgl. *Birkel u.a.* 2019, S. 42.
13 Vgl. *Baurmann* 2000, S. 3.
14 Vgl. *Birkel* u.a. 2019, S. 77; *Feltes* 2014(b), S. 121; *Reuband* 2012, S. 26; *Steffen* 2013, S. 94.

I Einleitung

> **Polizei und Ärzten vertrauen die Deutschen am meisten.**
> Das Vertrauen der Deutschen in Polizei, Ärzte und Universitäten ist auch zu Beginn des Jahres 2020 groß. Jeweils 80 Prozent der Bundesbürger schenken Polizei und Ärzten ihr Vertrauen.[15]

Machen die Opfer während des Beratungsgesprächs allerdings gegenüber der Polizei Angaben bzgl. eines Sachverhaltes mit strafrechtlichem Inhalt, so ist die Polizei dazu verpflichtet, diesen Sachverhalt zur Anzeige zu bringen – ungeachtet dessen, ob das Opfer über seine Rechte und Pflichten im Strafverfahren sowie über Möglichkeiten einer weiteren Opferbetreuung nur beraten und informiert werden will. Somit werden in Fällen wie diesen die Verfassung und das Gesetz über die Bedürfnisse und Wünsche der Opfer gestellt – die Ermittlungen werden ungeachtet des Willens der Opfer durchgeführt.[16] Es wird etwas in Gang gesetzt, was das Opfer gar nicht will bzw. was für die Betroffenen noch mehr Leid bedeuten kann. Das Opfer wird zum reinen Objekt des Strafverfahrens.

Unter den genannten Umständen kann der Gang zur Polizei für das ohnehin meist psychisch und ggf. auch physisch belastete Opfer eine erneute, sekundäre Viktimisierung bedeuten.[17] Aus Sicht des Opfers erfährt es durch diese Reaktion nicht die Hilfestellung und Unterstützung, die es sich wünscht, sondern fühlt sich allein gelassen und nicht ausreichend als Subjekt im Strafverfahren gewürdigt.[18] Dies kann dazu führen, dass dieses Opfer im Falle einer erneuten Opferwerdung nicht mehr den Gang zur Polizei wählt.[19] Damit würde der Polizei im Kampf gegen Kriminalität ein wichtiger Partner wegbrechen, denn zur Strafverfolgung ist die Polizei auf die Anzeige- und Aussagebereitschaft der Bürger angewiesen. Würde der handelnde Polizeibeamte, um diese Gefahr zu bannen, das Legalitätsprinzip außer Acht lassen, würde er sich wegen Strafvereitelung im Amt gem. § 258a I Strafgesetzbuch (StGB) strafbar machen, da er trotz Anfangsverdacht einer Straftat diese nicht zur Anzeige bringt.

---

15 Vgl. Welt 2020 (online).
16 Vgl. *Baurmann* 2003, S. 71; *Stahlmann-Liebelt* 2017, S. 152.
17 Vgl. *Hartmann*/ado e.V. 2010, S. 16; *Luscher* 2006, S. 50; *Sautner* 2014, S. 18-19 und S. 100.
18 Vgl. *Kury* 2010, S. 66.
19 Vgl. *Schwind* 2016, S. 439.

Diese Ausführungen verdeutlichen in welchem Dilemma sich Polizeibeamte mit Blick auf einen effektiven Opferschutz befinden können: einerseits muss die Integrität der Polizei durch eine strikt an der Verfassung und am Gesetz orientierten Arbeitsweise gewahrt werden. Andererseits ist der Schutz des Opfers und somit auch dessen Beratung und Stabilisierung in Bezug auf das weitere Verfahren ebenso Kernaufgabe jedes Polizeibeamten. Wissen Polizeibeamte nicht um dieses Dilemmas und haben sie im Laufe ihrer Ausbildung oder des beruflichen Werdegangs keine Handlungsalternativen dazu erlernt, so ist zu befürchten, dass eine konsequente Orientierung am Gesetz den konkreten Interessen des Opfers zuwiderlaufen.

2. Aufbau des vorliegenden Handbuchs

Das vorgenannte Dilemma wirft folgende Fragen auf:
- Welche opfertypischen Merkmale gilt es zu beachten?
- Wie lassen sich polizeilicher Opferschutz und der Legalitätsgrundsatz in Einklang bringen?
- Welche Kompetenzen müssen während der polizeilichen Ausbildung vermittelt und gestärkt werden?
- Wie kann innerhalb der Organisation Polizei Opferschutz/Opferhilfe bestmöglich gewährleistet werden?
- Welchen zusätzlich unterstützenden Beitrag kann Polizei zur Entlastung des Spannungsverhältnisses zwischen Legalitätsprinzip und Opferschutz/Opferhilfe leisten?

Aus diesen Fragen heraus, entstand die Idee zu vorliegendem Handbuch. Mit ihm soll zum einen verdeutlicht werden, welche Herausforderungen während der polizeilichen Aufgabenwahrnehmung zwischen Legalitätsprinzip und Opferschutz sowie einer professionellen Opferhilfe bestehen. Zum anderen sollen diesbezüglich Handlungsoptionen zur Lösung des vorgenannten Dilemmas aufgezeigt werden. Diese Handlungsoptionen bzw. Handlungsempfehlungen sollen dazu beitragen, Kompetenzen eines jeden Polizeibeamten auszubauen und die Qualität der polizeilichen Arbeit im Umgang mit dem Thema Opferschutz weiter zu steigern. Zur besseren Anschaulichkeit werden die Handlungsempfehlungen mittels eines ausgewählten Beispielszenarios eingeleitet.

I Einleitung

Eines sei an dieser Stelle bereits vorweg genommen: der in der Literatur hin und wieder postulierte Lösungsansatz in Form einer Lockerung bzw. Auflösung des Legalitätsprinzips[20] wird vorliegend nicht in Betracht gezogen. Vielmehr wird vom gesetzlichen „Ist-Stand" in der Bundesrepublik Deutschland ausgegangen, der eine strikte Strafverfolgungsverpflichtung der Polizei vorsieht. Demnach orientieren sich alle im Verlauf dieses Buches dargestellten Handlungsempfehlungen an der Einhaltung des Legalitätsgrundsatzes. Dies soll jedoch nicht dazu führen, dass sich das aufgezeigte Dilemma intensiviert. Vielmehr ist übergeordnetes Ziel dieses Handbuchs, einen Beitrag zur Verbesserung des polizeilichen Opferschutzes unter vollumfänglicher Wahrung des Legalitätsprinzips zu leisten.

Über die Vermittlung von Wissen rund um die Kernthemen „Legalitätsprinzip", „Viktimologie", „polizeilicher Opferschutz" und „professionelle Opferhilfe" soll zunächst ein Grundverständnis für die Notwendigkeit eines Befassens mit diesem Thema hergestellt werden. Darauf aufbauend, soll es den Polizeibeamten (in Ausbildung oder bereits im aktiven Dienst) mittels angebotener Handlungsempfehlungen ermöglicht werden, den Umgang mit einem Kriminalitätsopfer aus polizeilicher Sicht zielführend und zugleich opferorientiert zu gestalten. So soll eine Handlungskompetenz entstehen, die es den Polizeibeamten ermöglicht, sich an die Gesetzmäßigkeiten zu halten, ohne dabei die Viktimisierung des Opfers zusätzlich zu verstärken oder sich selbst strafbar zu machen. Darüber hinaus soll auch ein Bewusstsein dafür entstehen, wie wichtig ein ausgewogenes Verhältnis von konsequenter Strafverfolgung und effektivem Opferschutz/effektiver Opferhilfe ist.

Adressaten dieses Handbuchs sind neben Polizeibeamte in Ausbildung und im operativen Dienst, auch Ausbilder, Führungskräfte oder Entscheidungsträger. Ihnen kann dieses Handbuch einen neuen Impuls geben sowohl das eigene Handeln und Tun, als auch das ihrer Mitarbeiter stetig zu hinterfragen und möglicherweise eingefahrene Automatismen zu aktualisieren. Auszubildende und Mitarbeiter können u.a. von ihren Vorgesetzten auf die Brisanz des hier angesprochenen Themenkomplexes (erneut) hingewiesen und für die Re-

---

20 Vgl. *Deiters* 2006, S. 270 ff.

levanz im polizeilichen Handeln (neu) sensibilisiert werden. Nur so wird die Polizei den steigenden Erwartungen aller Kriminalitätsopfer gerecht und erfüllt (auch) die Rolle, die viele Menschen immer noch in jedem Polizisten sehen: „Polizei, dein Freund und Helfer".

Aber auch bei allen anderen Akteuren im Bereich Opferschutz/Opferhilfe kann dieses Handbuch wertvolle Informationen rund um das Thema vermitteln, so dass auch sie ihre Kompetenzen auf diesem wichtigen Gebiet erweitern können und auch bei ihnen eine Reflexion des eigenen Handelns und Tuns angestoßen wird.

Zudem möchte dieses Handbuch dazu beitragen, dass bei allen Akteuren des Opferschutzes und der Opferhilfe ein gegenseitiges Verständnis für individuelle Schwierigkeiten im Umgang mit dem Thema wächst.

II. Legalitätsprinzip

1. Allgemeine Begriffsbestimmung

Das Legalitätsprinzip, auch als Legalitätsgrundsatz oder Mechanismus der Strafverfolgung bezeichnet, ist der zentrale Grundsatz der Ermittlungstätigkeit der Staatsanwaltschaft und Ausfluss grundrechtlicher Werte.[21] Als solches ist es ein wichtiger Bestandteil im Strafverfahren, dessen Ziele die materielle als auch prozedurale Gerechtigkeit sind. Das Strafverfahren dient der Wiederherstellung des Rechtsfriedens und ist „[...] somit das Instrument zur Bewältigung eines strafrechtlichen Konflikts"[22].

Der Rechtsfrieden wird u.a. dadurch erreicht, dass dem Verdacht eines Normbruchs nachgegangen wird und, sollte sich der Verdacht bestätigen, dieser Normbruch mittels festgelegter Sanktionsnormen des materiellen Strafrechts geahndet wird. Dergestalt wird der Gesellschaft demonstriert, dass die Norm auch weiterhin ein allgemein gültiges Orientierungsmuster darstellt.[22] Nicht zuletzt ist es daher im Interesse der Rechtsgütergemeinschaft, dass die Strafverfolgungsorgane – an erster Stelle die Staatsanwaltschaft – sich dazu verpflichten, nicht nur unparteiisch, sondern auch frei von Willkür jedem Verdacht und jedem Verdächtigen mit der gleichen Intensität gegenüber zu treten.[23] Diese Verpflichtung zur Ermittlungsaufnahme und ggf. Anklageerhebung wird heute durch den Legalitätsgrundsatz per Gesetz manifestiert. Die „[...] besondere Hervorhebung dieses Grundsatzes in Bezug auf die Staatsanwaltschaft [...]"[24] ist in ihrem historischem Hintergrund zu finden.

2. Historische Entwicklung des Legalitätsprinzips

Bereits im Jahr 1877 gilt im Deutschen Reich das Legalitätsprinzip als wesentlicher Grundsatz im Strafverfahren. Als Teil der staatlichen Machtausübung unterliegt auch damals das Strafverfahren bereits

---

21 Vgl. *Gerson* 2016, S. 217 und S. 225.
22 *Kindhäuser/Schumann* 2019, S. 31.
23 Vgl. *Kindhäuser/Schumann* 2019, S. 46.
24 *Döhring* 1999, S. 77.

den Grenzen des Rechtsstaatsprinzips, welches sich aus der damaligen Verfassung und heute aus dem Grundgesetz (GG) ergibt. Allerdings wird bei der Bestimmung des Legalitätsprinzips im Jahr 1877 lediglich von einem rein formellen Rechtsstaatsprinzip ausgegangen. Derart gelten bis zum Inkrafttreten des heutigen GG im Jahr 1949 ausschließlich die Gesetzmäßigkeit der Verwaltung und die Gewaltenteilung.[25]

Dieses Verständnis verändert sich erst mit der Nachkriegszeit ab 1945. Neben der rein formellen Ausgestaltung entwickelt sich nun auch eine materielle Ausgestaltung des Rechtsstaatsprinzips. Die Elemente der Rechtssicherheit, der Verhältnismäßigkeit sowie der Bindung an Grundrechte erweitern den zuvor reinen Gesetzesstaat um die Eigenschaft eines Gerechtigkeitsstaats.[26]

Nachgeschlagen:

Strafprozeßordnung vom 1.2.1877[27]

Wir Wilhelm, von Gottes Gnaden Deutscher Kaiser, König von Preußen etc. verordnen im Namen des Deutschen Reichs, nach erfolgter Zustimmung des Bundesraths (sic!) und des Reichstags, was folgt:

...

Zweites Buch. Verfahren in erster Instanz.

Erster Abschnitt. Oeffentliche Klage.

§ 152

Zur Erhebung der öffentlichen Klage ist die Staatsanwaltschaft berufen. Dieselbe ist, soweit nicht gesetzlich ein Anderes bestimmt ist, verpflichtet, wegen aller gerichtlich strafbaren und verfolgbaren Handlungen einzuschreiten, sofern zureichende thatsächliche (sic!) Anhaltspunkte vorliegen.

Mit dem § 152 II der Strafprozessordnung – auch als Reichsstrafprozessordnung bezeichnet – von 1877 wird das Legalitätsprinzip erstmals in einem Gesetz verankert. Die Staatsanwaltschaft erhält hierdurch die uneingeschränkte Ermittlungs- und Anklagezuständigkeit.[28]

---

25 *Erb* 1999, S. 126.
26 Vgl. *Döhring* 1999, S. 20-21.
27 S. RGBl 1877, Nr. 8, S. 253-346; Fassung vom 1.2.1877; Bekanntmachung am 26.2.1877.
28 Vgl. *Döhring* 1999, S. 77.

Mit dieser Verpflichtung zur Strafverfolgung aller bekanntgewordenen Straftaten soll der Möglichkeit einer politischen Einflussnahme auf die Strafverfolgung vorgebeugt werden.[29] Zudem ist die uneingeschränkte Pflicht zur Strafverfolgung logische Folge aus der damals vorherrschenden Vergeltungstheorie, der zufolge jede Übertretung des Gesetzes ohne Ausnahme im Sinne der Gerechtigkeit geahndet werden muss.[30] Das Gesetz in seiner damaligen Fassung enthält zum einen die Möglichkeit eines Klageerzwingungsverfahrens, das es dem Verletzen durch ein gerichtliches Verfahren ermöglicht, die Einhaltung des Legalitätsprinzips durch die Staatsanwaltschaft einzufordern. Zum anderen stützen diverse Strafandrohungen im materiellen Recht das Legalitätsprinzip und schützen es vor einer vorsätzlichen Missachtung.[31]

Gleichzeitig werden aber auch erste Einschränkungen des Legalitätsgrundsatzes gesetzlich verankert – bestimmte Delikte unterliegen nicht (mehr) dem Legalitätsprinzip.[32] Für Auslandstaten fällt die Strafverfolgung vollständig in das Ermessen der Staatsanwaltschaft.[33] Zudem tritt bspw. die Privatklage neben das Legalitätsprinzip. Mit ihr wird das Opportunitätsprinzip, d.h. eine juristische Handlungsfreiheit innerhalb eines in Gesetzen festgesteckten Rahmens, fest in die Strafprozessordnung integriert.[32] Für eine tiefergehende Erläuterung des Opportunitätsprinzips wird an dieser Stelle bereits auf Kapitel II.4 dieses Buches verwiesen.

Mit der sogenannten „Lex Emminger" des Jahres 1924 folgen weitere Einschnitte in die staatsanwaltschaftlichen Handlungen nach dem Legalitätsprinzip. Durch die §§ 153 und 154 der Reichsstrafprozessordnung ist es nun möglich, Bagatelldelikte oder Straftaten mit geringerer Schuld des Täters sowie Straftaten mit unbedeutenden Folgen nach dem Opportunitätsprinzip „abzuarbeiten".[34] Der Strafverfolgungs- sowie der Anklagezwang sind aufgehoben, soweit kein besonderes öffentliches Interesse am Einsatz des Strafrechts besteht.[35]

---

29 Vgl. *Deiters* 2006, S. 280; *Döhring* 1999, S. 77; *Erb* 1999, S. 21; *Hüls* 2007, S. 67 ff.
30 Vgl. *ders* 2006, S. 280; *Roxin/Schünemann* 2017, S. 79.
31 Vgl. *Naucke* 2013, S. 3.
32 Vgl. *ders* 2013, S. 4.
33 Vgl. *Deiters* 2006, S. 82.
34 Vgl. *ders*. 2006, S. 9; *Naucke* 2013, S. 5.
35 Vgl. *Albrecht* 2011, S. 100; Hüls 2007, S. 186.

Im Verlauf der NS-Zeit nehmen die Durchbrechungen des Legalitätsprinzips weiter zu. Das dem Prinzip „nulla poena sine lege" (Übersetzung: „keine Strafe ohne Gesetz") zu Grunde liegende Analogieverbot, das sich heute aus Art. 103. II GG ergibt – nachdem eine Strafe nur nach einem konkret benannten und nicht nur nach einem analog angewandten Gesetz geahndet werden darf –, wird im Jahr 1935 aufgehoben.[36] Das Klageerzwingungsverfahren wird ebenfalls gestrichen.[37] Der ursprüngliche Gedanke mit dem Legalitätsprinzip eine Machtkontrolle ausüben zu können oder eine mögliche politische Einflussnahme zu verhindern ist nun kaum mehr möglich.

Nach dem 2. Weltkrieg wird schließlich die ehemalige Formulierung des Legalitätsprinzips in § 152 II der nun gültigen Strafprozessordnung (StPO) wiederhergestellt. Das Opportunitätsprinzip bleibt jedoch weiterhin gesetzlich erhalten und wird fester Bestandteil strafprozessualen Arbeitens.[38]

3. Begriffsbestimmung vor dem Hintergrund des geltenden Rechts

In der aktuellen Fassung der StPO ist das Legalitätsprinzip bzw. der Legalitätsgrundsatz in § 152 II StPO verankert und wird in den §§ 160 I und 170 I StPO konkretisiert. Nicht unerwähnt soll bleiben, dass bei einem Vergleich des Wortlauts der heutigen Fassung zum Legalitätsprinzip in der Fassung von 1877 (s. Kapitel II. 2) auffällt, dass sich diesbezüglich kaum etwas verändert hat. Durch die Verankerung in der StPO findet das Legalitätsprinzip den Weg ins materielle Recht.[39] Gem. § 152 II StPO ist, soweit nicht anders gesetzlich bestimmt, die Staatsanwaltschaft beim Vorliegen zureichender tatsächlicher Anhaltspunkte auf eine strafbare Handlung dazu verpflichtet einzuschreiten und von ihren Zwangsbefugnissen Gebrauch zu machen.[40]

---
36 Vgl. *Naucke* 2013, S. 5.
37 Vgl. RGBl 1942, Teil 1, Art. 9, S. 510. Änderung des § 2 III Reichsstrafprozeßordnung.
38 Vgl. *Naucke* 2013, S. 3.
39 Vgl. *Gerson* 2016, S. 218.
40 Vgl. *Kühne* 2015, S. 210-211; *Schmitt* 2020, S. 815; *Ostendorf* 2018, S. 38 ff.

II Legalitätsprinzip

> **Nachgeschlagen:**
> **§ 152 II StPO – Anklagebehörde; Legalitätsgrundsatz**
> (1) Zur Erhebung der öffentlichen Klage ist die Staatsanwaltschaft berufen.
> (2) Sie ist, soweit nicht gesetzlich ein anderes bestimmt ist, verpflichtet, wegen aller verfolgbaren Straftaten einzuschreiten, sofern zureichende tatsächliche Anhaltspunkte vorliegen.

Eine strafbare Handlung liegt rein formell dann vor, wenn für ein bestimmtes Verhalten per Gesetz eine Strafe angedroht wird.[41] Der Strafverfolgungszwang ist der konsequente Ausfluss des Anklagemonopols, welches sich aus § 152 I StPO ergibt.[42] Weiterhin hat die Staatsanwaltschaft gem. § 160 I StPO den zugrundeliegenden Sachverhalt zu erforschen und gem. § 170 I StPO ggf. zur Anklage zu bringen, wenn gegen den Beschuldigten ein hinreichender Tatverdacht begründet werden kann.

Trotz dieses rein formell im Ermittlungsverfahren direkt verankerten Grundsatzes bezieht sich das Legalitätsprinzip aber auch auf das Zwischen- und Hauptverfahren.[43] Somit kommt dem Legalitätsprinzip im deutschen Strafverfahrensrecht eine doppelte Bedeutung zu.[44] Es wird unterschieden zwischen dem Legalitätsprinzip im engeren Sinne und dem Legalitätsprinzip im weiteren Sinne.[43] [44]

Im engeren Sinne versteht man unter dem Legalitätsprinzip die zuvor erwähnte Strafverfolgungsverpflichtung der Staatsanwaltschaft, die sich direkt aus den §§ 152 II, 160 I und 170 I StPO ergibt. Derart ist das Legalitätsprinzip in diesem Sinne ein „[...] auf das Ermittlungsverfahren zielendes Strukturprinzip des Strafverfahrensrechts"[44]. Im weiteren Sinne bezieht sich das Legalitätsprinzip aber auch auf das Zwischen- und Hauptverfahren.[43] So impliziert es ebenso das Rechtsstaatsprinzips aus Art. 20 III GG, wonach die vollziehende Gewalt und die Rechtsprechung an Gesetz und Recht gebunden sind, als auch das Gleichheitsgebot aus Art. 3 GG. Dergestalt wurde der Begriff des Legalitätsprinzips an die geänderte Rechtsauffassung angepasst.

---
41 Vgl. *Döhring* 1999, S. 99.
42 Vgl. *Ostendorf* 2018, S. 39.
43 Vgl. *Kühne* 2015, S. 210-211.
44 *Deiters* 2006, S. 3.

Gesichert wird das Legalitätsprinzip durch das Klageerzwingungsverfahren gem. §§ 172-177 StPO[45] und durch die Strafandrohung der Strafvereitelung im Amt, die sich aus § 258a I StGB ergibt. Auf den Tatbestand der Strafvereitelung im Amt wird im Verlauf des Buchs unter Kapitel V.3 noch detailliert eingegangen werden.

4. Abgrenzung zum Opportunitätsprinzip

Während in der Reichsstrafprozeßordnung von 1877 das Legalitätsprinzip noch nahezu uneingeschränkt Geltung entfaltete, mehren sich seitdem sukzessive die Möglichkeiten einer Durchbrechung und Aushöhlung des Grundsatzes.[46] Dies ist nicht zuletzt den heute gültigen general- und spezialpräventiven Auffassungen zu schulden, die sich an der Verhinderung zukünftiger Straftaten orientieren und „[...] die Bestrafung an ihre gesellschaftliche Notwendigkeit und Zweckmäßigkeit knüpfen [...]"[47]. Diese gesetzlich geregelten Ausnahmen, welche zumeist mit prozessökonomischen Gründen und einer Effizienzsteigerung der Staatsanwaltschaft legitimiert werden, werden dem, dem Legalitätsprinzip entgegengesetzten Opportunitätsprinzip, zugeordnet.[48]

Das Opportunitätsprinzip beschreibt die juristische Handlungsfreiheit innerhalb eines gesteckten gesetzlichen Rahmens.[49] Es gewährt jedoch nicht etwa eine völlige Freiheit der Strafverfolgungspflicht, sondern schränkt die „[...] Verfolgungspflicht nach Maßgabe gesetzlicher Vorschriften [...]"[50] lediglich ein. Die Verfolgungspflicht bleibt zunächst bestehen, jedoch kann unter bestimmten gesetzlichen Voraussetzungen von einer Anklage, d.h. dem Anklagezwang, abgesehen werden. „Damit ist das Opportunitätsprinzip dem Legalitätsprinzip zur Seite gestellt"[51]. Daher kann das Opportunitätsprinzip auch als „[...] negative Seite des Legalitätsprinzips [...]"[52] beschrieben werden, denn im Gegensatz zum Legalitätsprinzip wird die „[...]

---

45 Vgl. *Schroeder/Verrel* 2017, S. 108 ff.
46 Vgl. *Deiters* 2006, S. 7; *Kindhäuser/Schumann* 2019, S. 46.
47 *Roxin/Schünemann* 2017, S. 79.
48 Vgl. *Deiters* 2006, S. 84; *Kühne* 2015, S. 213; *Ostendorf* 2018, S. 235.
49 Vgl. *Putzke/Scheinfeld* 2020, S. 19.
50 *Kühne* 2015, S. 213.
51 Vgl. *Ostendorf* 2018, S. 39.
52 *Schmitt* 2020, S. 819.

II Legalitätsprinzip

Nichtverfolgung von konkreten Wertungs- und Beurteilungskriterien abhängig gemacht [...]".

Am Ende eines jeden Ermittlungsverfahrens obliegt es grundsätzlich der Staatsanwaltschaft zwischen den diversen zur Verfügung stehenden Abschlussmöglichkeiten eines Verfahrens zu entscheiden: So kann die Staatsanwaltschaft gem. § 170 I StPO bei Gericht Anklage erheben oder aber das Verfahren aus tatsächlichen oder rechtlichen Gründen gem. § 170 II S.1 StPO einstellen. Tatsächliche oder rechtliche Gründe hinsichtlich eines Fehlens des hinreichenden Tatverdachts können sich zum einen direkt aus der StPO in Form des Vorliegens eines Verfahrenshindernisses oder aber zum anderen aus dem materiellen Recht ergeben.[53] Dies liegt insbesondere dann vor, wenn die Nichtschuld des Beschuldigten festgestellt werden kann, kein Straftatbestand erfüllt wird oder aber, wenn Rechtfertigungsgründe oder Schuldausschließungsgründe vorliegen. Weiterhin kann die Staatsanwaltschaft, soweit kein öffentliches Interesse an einer Klageerhebung besteht, gem. § 376 StPO auf den Privatklageweg verweisen. Das Fehlen des öffentlichen Interesses bei Privatklagedelikten stellt das am häufigsten verwandte Verfahrenshindernis dar. „Da die Privatklage faktisch nie erhoben wird, kommt dieses Vorgehen einer Einstellung gleich"[54]. Darüber hinaus kann die Staatsanwaltschaft das Verfahren aus Opportunitätsgründen gem. § 153 ff. StPO (analog § 45 Jugendgerichtsgesetz [JGG]) einstellen. Hierbei kann die Staatsanwaltschaft unter bestimmten Voraussetzungen von einer Klage absehen, obwohl ein hinreichender Tatverdacht besteht.[55]

Diese vom Gesetzgeber eingeräumten Durchbrechungsmöglichkeiten werden in der Praxis häufig genutzt.[56] Solche Ausnahmen des Legalitätsprinzips lassen sich aus den in der Verfassung niedergeschriebenen Grundsätzen der Verhältnismäßigkeit gem. Art. 20 III GG und der Prozessökonomie gem. Art. 109 III und Art. 114 II GG ableiten. Aber auch der Gesichtspunkt einer positiven Spezialprävention mit dem Ziel einer Resozialisierung des Täters kann für eine Opportunitätsentscheidung seitens der Staatsanwaltschaft sprechen.[53]

---

53 Vgl. *Ostendorf* 2018, S. 138 ff.
54 *Ders.* 2018, S. 140.
55 Vgl. *Kindhäuser/Schumann* 2019, S. 52-54.
56 Vgl. *Ostendorf* 2018, S. 147 und 250.

Wie bereits deutlich gemacht wurde, existieren eine Vielzahl an Möglichkeiten, ein Verfahren, das aufgrund des Legalitätsgrundsatzes eingeleitet wurde, mittels im Gesetz verankerter Normen zu beeinflussen und zu durchbrechen.[57] Gleichwohl verbleibt aktuell gem. § 152 II StPO – in aller Deutlichkeit – die gesetzlich verankerte Verpflichtung der Staatsanwaltschaft zur Strafverfolgung. Der Wert dieses Legalitätsprinzips liegt nicht nur in der Gewährung einer Gleichmäßigkeit der Strafverfolgung, sondern auch darin, den Gesetzgeber zur Beachtung des Bestimmtheitsgebotes anzuhalten.[58] Den zuvor genannten Aspekten, die für eine Opportunitätsentscheidung sprechen, steht somit das bereits unter Kapitel II.2 dargestellte weitere Verständnis des Legalitätsprinzips entgegen: das im Rechtsstaatsprinzip (Art. 20 III GG) und im Gleichheitsgebot (Art. 3 GG) verankerte Willkürverbot. Denn die durch das Opportunitätsprinzip eingeräumten Entscheidungs- und Beurteilungsspielräume ermöglichen, dass in gleichgelagerten Sachverhalten ggf. abweichende Entscheidungen getroffen werden.[59]

Darüber hinaus kommt dem in § 160 I StPO verankerten Zwang zur Sachverhaltserforschung eine besondere Bedeutung zu, da dieser Zwang bereits eine normstabilisierende Wirkung entfaltet. Ermittlungen müssen stattfinden, weil „[…] Untätigkeit aus Anlass eines Verdachts dokumentiert, dass die Gesellschaft die Geltung einer Norm nicht unbedingt für notwendig erachtet"[60].

Auf eine tiefer greifende Diskussion der schon vor 1877 immer wieder aufkeimenden Debatten rund um die Prinzipien der Legalität und Opportunität[61] soll hier jedoch nicht weiter eingegangen werden. Das vorliegende Werk orientiert sich, wie bereits einleitend erwähnt, ausschließlich an dem aktuellen „Ist-Stand", d.h. den derzeit geltenden und angewandten Regelungen der StPO: Verpflichtung der Staatsanwaltschaft und ihrer Ermittlungspersonen zum Strafverfolgungszwang gemäß dem Legalitätsprinzip. Ohne das grundlegende Festhalten am derzeit geltenden Recht würde es alleine den im Ermittlungsverfahren tätigen Personen obliegen, wie, wann und in welchem Um-

---
57 Vgl. *Schroeder/Verrel*, 2017, S. 36 und 58 ff.
58 Vgl. *Deiters* 2006, S. 19.
59 *Schmitt* 2020, S. 819.
60 Vgl. *Deiters* 2006, S. 78-79.
61 Vgl. *Albrecht* 2011, S. 100; *Erb* 1999, S. 21.

fang in einem Sachverhalt Handlungsbedarf besteht. Dies hätte eine massive Verletzung des Rechtsstaatsprinzips und des Gleichheitsgebots zur Folge. Die im Verlauf dieses Buches dargestellten Lösungsmöglichkeiten bedingen also ein gesetzlich verankertes Legalitätsprinzip, um ihre Wirkung zu entfalten.

5. Aufgaben und Verpflichtung der Polizei

Aufgrund der bestehenden Verzahnung von präventiver Verbrechensbekämpfung und repressiver Strafverfolgung ist die Polizei, mit Ausnahme der BPol, des BKA und des BfV, dienstrechtlich dem Innenminister auf Landesebene unterstellt und landesrechtlich organisiert.[62] Dies führt dazu, dass die Polizei in Deutschland eine Doppelrolle erfüllt.

5.1 Doppelrolle der Polizei

Entsprechend einem klassischen Aufgabendualismus ist die Polizei originär eine Gefahrenabwehrbehörde, deren Aufgabe es ist, die öffentliche Sicherheit und Ordnung zu schützen.[63] Dies schließt Aufgaben zur vorbereitenden Gefahrenabwehr ebenso ein wie auch die Präventionsarbeit.[64] Des Weiteren ist die Polizei u.a. originär zuständig für die Abwehr von Gefahren im Straßenverkehr, soweit dies nicht durch die zuständigen Ministerien den örtlichen Ordnungsbehörden oder Kreisordnungsbehörden übertragen worden ist. In Rheinland-Pfalz, um hier nur ein Beispiel zu nennen, ist die Polizei zudem gem. § 1 VI Polizei- und Ordnungsbehördengesetz Rheinland-Pfalz (POG) originär zuständig für die Anordnungen zum Schutz vor Gewalt in engen sozialen Beziehungen. Für alle weiteren Aufgaben erhält die rheinland-pfälzische Polizei gem. § 1 VIII POG eine Eilzuständigkeit, sollte die Abwehr der Gefahr durch die originär zuständige Behörde nicht oder nicht rechtzeitig möglich sein. Interne Polizeidienstvorschriften (PDV)[65] definieren darüber hinaus Ziele wie

---

62 Vgl. *Kühne* 2015, S. 112; *Ostendorf* 2018, S. 62; *Roxin/Schünemann* 2017, S. 59-60.
63 Vgl. *Kindhäuser/Schumann* 2019, S. 59; *Püttner* 2003, S. 267.
64 Vgl. z.B. § 1 I POG.
65 Polizeidienstvorschriften werden vom Arbeitskreis II der Innenministerkonferenz herausgegeben und von einer Vorschriftenkommission erarbeitet.

bspw. die Verhinderung von einer sekundären Viktimisierung von Opfern in Einsatzlagen der Gefahrenabwehr, wie auch bei der Verbrechensbekämpfung.[66]

Im Rahmen all dieser Gefahrenabwehrmaßnahmen kann die Polizei eigenständige Entscheidungen hinsichtlich ihres Handelns treffen und unterliegt keinem Weisungsrecht durch die Staatsanwaltschaft. Insoweit gilt für die Polizei im Bereich der Gefahrenabwehr das Opportunitätsprinzip.[67]

Neben dieser Rolle als Gefahrenabwehrbehörde ist die Polizei aber auch Strafverfolgungsbehörde und untersteht dem Weisungsrecht der Staatsanwaltschaft. Die Strafverfolgung ist somit die Schnittmenge der Aufgaben von Polizei und Staatsanwaltschaft.[68] In der Literatur wird aufgrund der zweigleisigen Aufgabenzuteilung auch von einer Doppelnatur der Polizei gesprochen.[69]

Im Rahmen ihrer Aufgabe als Strafverfolgungsbehörde arbeitet die Polizei der Staatsanwaltschaft, die, wie zuvor erläutert, dem Legalitätsprinzip unterliegt, lediglich zu und hat ihren Weisungen Folge zu leisten. Die Staatsanwaltschaft bleibt – zumindest vordergründig – „Herrin des Ermittlungsverfahrens"[70]. Bei Ermittlungen gegen Verdächtige greifen daher die gesetzlichen Bestimmungen der StPO und dem Gerichtsverfassungsgesetz (GVG). Aufgrund ihrer lediglich zuarbeitenden Rolle wurde die Polizei zu früheren Zeiten auch als „Hilfsorgan der Staatsanwaltschaft" bezeichnet, was sich direkt aus § 152 I GVG der alten Fassung ergab. In der heutigen Fassung des § 152 I GVG heißen die Polizeibeamten „Ermittlungspersonen der Staatsanwaltschaft". Als solche sind die Beamten bei Vorliegen von Gefahr in Verzug mit besonderen Ermittlungsbefugnissen ausgestattet. Welche Beamten im Einzelnen den Anordnungen der Staatsanwaltschaft nachzukommen haben, wird gem. § 152 II GVG durch jeweilige Rechtsverordnungen eines jeden Bundeslandes bestimmt.[71]

---

66 Vgl. *Linke* 2010, S. 148.
67 Vgl. *Kühne* 2015, S. 113.
68 Vgl. *Pütter* 2003, S. 267.
69 Vgl. *Ostendorf* 2018, S. 61.
70 Vgl. *Kindhäuser/Schumann* 2019, S. 52; *Schroeder/Verrel* 2017, S. 46.
71 Vgl. *Schroeder/Verrel* 2017, S. 64.

II Legalitätsprinzip

Zwar sollte die Staatsanwaltschaft als „Herrin des Ermittlungsverfahrens" die Polizei bei Ihrer Ermittlungstätigkeit nur kontrollieren und sicherstellen, dass die Vorgaben der StPO eingehalten werden. Angesichts der knappen personellen Ressourcen innerhalb der Staatsanwaltschaft ist es jedoch faktisch die Polizei, die die Ermittlungstätigkeiten ausübt und den Sachverhalt in aller Regel selbständig ermittelt und erst dann – entgegen den Bestimmungen des § 163 II StPO – an die Staatsanwaltschaft weiterleitet.[72] Dergestalt stellt oft die Polizei die ersten Weichen für das weitere Strafverfahren und ist die eigentliche „Herrin des Ermittlungsverfahrens"[73]. Die Staatsanwaltschaft beschränkt sich nach allgemeiner Ansicht heute darauf, eine abschließende Entscheidung bzgl. des Ermittlungsverfahrens zu treffen.[74] In diesem Zusammenhang wird in der Literatur auch von einer „Verpolizeilichung des Strafverfahrens" gesprochen.[75] Dies soll im Folgenden jedoch nicht weiter erörtert werden, da dieser Aspekt im weiteren Verlauf dieses Buches nicht von Relevanz ist.

5.2 Verpflichtung zum Legalitätsprinzip

Entgegen der Meinung von *Gössel*[76], dass sich das Legalitätsprinzip für die Polizei aus § 152 II StPO ableitet, geht die herrschende Ansicht[77] davon aus, dass die Strafverfolgungspflicht für die Polizei unmittelbar aus § 163 I S.1 StPO folgt.

Als das Bundesverwaltungsgericht (BVerwG) in einer Entscheidung aus dem Jahr 1974, die Polizei als „[...] verlängerten Arm der Staatsanwaltschaft [...]"[78] bezeichnete, beschrieb es damit den Umstand, dass die Polizei nicht nur aufgrund konkreter Weisungen durch die Staatsanwaltschaft der Verpflichtung zur Strafverfolgung unterliegt. Vielmehr drückte das Gericht damit aus, dass die Behörden und Beamten des Polizeidienstes darüber hinaus auch dann dem Legalitätsprinzip unterliegen, wenn sie gem. § 163 I S.1 StPO auf eigene

---

72 Vgl. *Hüls* 2007, S. 229; *Kindhäuser/Schumann* 2019, S. 60; *Schroeder/Verrel*, 2017, S. 46.
73 Vgl. *Hüls* 2007, S. 229; *Ostendorf* 2018, S. 62.
74 Vgl. *Hüls* 2007, S. 229.
75 Vgl. *Albrecht* 2011, S. 105 ff.; *Ostendorf* 2018, S. 62 und 250.
76 Vgl. *Gössel* 1982, S. 133.
77 Vgl. *Döhring* 1999, S. 183 ff.
78 Vgl. BVerwG, Urt. v. 3.12.1974 – 1 C 11.73, BVerwGE 47, 255.

Veranlassung bzw. Kenntnis handeln, da sie mit einer stillschweigenden Ermächtigung zur Durchführung seitens der Staatsanwaltschaft rechnen dürfen. Die Verpflichtung für die Polizei nach dem Legalitätsprinzip zu handeln ergibt sich daher unmittelbar aus § 163 I S.1 StPO.[79]

> **Nachgeschlagen** (Auszug):
>
> **§ 163 StPO – Aufgaben der Polizei im Ermittlungsverfahren**
>
> (1) Die Behörden und Beamten des Polizeidienstes **haben** Straftaten zu erforschen und alle keinen Aufschub gestattenden Anordnungen zu treffen, um die Verdunkelung der Sache zu verhüten.
>
> *(Hervorhebung im Absatz durch die Autorin)*

Aus dem vorliegenden Wortlaut lässt sich bereits herauslesen, dass die vielfältigen Durchbrechungen des Legalitätsprinzips, wie sie bereits einleitend kurz beschrieben worden sind, für die Polizei keine Gültigkeit erlangen. Die Möglichkeit eines Einstellungsermessens, das die Staatsanwaltschaft beim Vorliegen von entsprechenden Kriterien ausüben kann, besteht für die Polizei zu keiner Zeit.[80]

Sobald die Polizei daher von einer Tat, die nach dem StGB mit Strafe bedroht ist, Kenntnis erlang, ist sie verpflichtet eine Anzeige aufzunehmen und gem. § 163 II S.1 StPO ohne Verzug der Staatsanwaltschaft zu übersenden. Dies wird in der Literatur auch als sogenannter „erster Zugriff" der Polizei bezeichnet.[81] Es ist die Pflicht eines jeden Polizeibeamten die Ermittlungen zu eröffnen.[82] Dabei ist es für die Verpflichtung zur Entgegennahme einer Anzeige nicht von Bedeutung, ob die Polizei „[…] aufgrund von eigenen Feststellungen, durch Auswertungen von amtlichen Akten oder polizeilichen Meldungen, von Veröffentlichungen in den Medien oder in einem anderen Zusammenhang dienstlich Kenntnis von einem begründeten Verdacht erhält"[79]. Darüber hinaus besteht immer die Pflicht zur Entgegennahme einer Anzeige auch wenn keine örtliche oder funktionale Zuständigkeit vorliegt.[83] Die Unkenntnis des Bürgers über teils komplizierte

---
79 Vgl. *Ackermann/Clages/Roll* 2019, S. 78.
80 Vgl. *Roxin/Schünemann* 2017, S. 80.
81 Vgl. *Hüls* 2007, S. 238; *Ostendorf* 2018, S. 60; *Schroeder/Verrel* 2017, S. 46.
82 Vgl. *Ostendorf* 2018, S. 60.
83 Vgl. *Kühne* 2015, S. 229.

Zuständigkeitsverteilungen dürfen diesem nicht zum Nachteil gereicht werden.

Auch wenn nur vage Verdachtsmomente vorliegen, so hat die Polizei alle notwendigen Aufklärungen zu betreiben, die einen möglichen Anfangsverdacht begründen lassen oder die Verdachtsmomente unbestätigt lassen. Um einen Anfangsverdacht gem. § 152 II StPO handelt es sich, wenn auch nur eine geringe Wahrscheinlichkeit vorliegt, dass eine verfolgbare Tat begangen worden ist.[84] Bzgl. der Frage nach der Begründung eines Anfangsverdachts besteht keine Ermessensentscheidung.[85] Es ist nicht zwingend erforderlich, dass sich der Verdacht gegen eine bestimmte Person richtet.

Besteht Unklarheit über das Vorliegen einer strafbaren Handlung, ist die Anzeige durch die Polizei dennoch in jedem Fall entgegenzunehmen und zur Prüfung an die zuständige Staatsanwaltschaft zu übersenden.[86] Der Umstand, dass trotz Kenntniserlangung einer mit Strafe bedrohten Handlung keine Entgegennahme einer Strafanzeige durch die Polizei erfolgt, stellt einen Verstoß gegen § 258a I StGB, überschrieben mit „Strafvereitelung im Amt", dar und bringt ggf. auch disziplinarrechtliche Konsequenzen nach dem Beamtenrecht mit sich. Hierauf wird im Kapitel V. nochmals näher eingegangen werden.

In aller Regel ist es also die Polizei, die beurteilt, wann ein Anfangsverdacht gem. § 152 II StPO gegeben ist und daraufhin nachfolgende Ermittlungen auslöst.[87] Dergestalt entscheidet die Polizei indirekt über eine Umsetzung des Legalitätsprinzips und hat damit eine gewisse „Selektionsmacht" inne.[88]

Folglich ist es die Aufgabe der Polizei, als „verlängerter Arm der Staatsanwaltschaft", erste Vernehmungen von (Opfer-)Zeugen und Tatverdächtigen durchzuführen, Beweise zu sichern und ggf. beim Vorliegen von Gefahr im Verzuge alle notwendigen Maßnahmen zu treffen. Dies lässt sich zum einen darin begründen, dass die Anzeigenerstattung in der Regel bei der Polizei stattfindet, zum anderen mit

---
84 Vgl. RiStBV, Anlage E, Ziffer 6.2.
85 Vgl. *Schmitt* 2020, S. 816.
86 Vgl. *Kühne* 2015, S. 229.
87 Vgl. *Hüls* 2007, S. 238; vgl. *Kühne* 2015, S. 230.
88 Vgl. *Hüls* 2007, S. 238.

dem „[...] deutlich größeren Personalbestand der Polizei [...]"[89]. Es wird verdeutlicht, dass die Polizei in der Mehrheit der Ermittlungsverfahren das entscheidende Strafverfolgungsorgan darstellt.

6. Zusammenfassung

Als „Herrin des Ermittlungsverfahrens" ist die Staatsanwaltschaft gem. § 152 II StPO beim Vorliegen zureichender tatsächlicher Anhaltspunkte dazu verpflichtet wegen aller verfolgbaren Straftaten einzuschreiten, soweit gesetzlich nichts Anderes bestimmt ist. Dieser Grundsatz wird als Legalitätsprinzip oder Legalitätsgrundsatz bezeichnet. Das Legalitätsprinzip ist wichtiger Bestandteil im Strafverfahren, welches den Grenzen des Rechtsstaatsprinzips unterliegt.

Bereits mit dem Inkrafttreten der Reichsstrafprozeßordnung im Jahr 1877 erfährt das Legalitätsprinzip erste, wenn auch damals noch geringfügige, Einschränkungen. Unter bestimmten gesetzlich geregelten Voraussetzungen verfügt die Staatsanwaltschaft über eine juristische Handlungsfreiheit, welche als Opportunitätsprinzip bezeichnet wird. Das Opportunitätsprinzip gewährt jedoch keine völlige Handlungsfreiheit, sondern schränkt die Verfolgungspflicht lediglich ein.

Neben der originären Zuständigkeit zur Gefahrenabwehr ist die Polizei auch Strafverfolgungsbehörde und untersteht dem Weisungsrecht der Staatsanwaltschaft. Als ihr „verlängerter Arm" und im Rahmen ihrer Stellung als Ermittlungsperson der Staatsanwaltschaft ist die Polizei gem. § 163 I S.1 StPO zur Strafverfolgung verpflichtet. Für die Polizei besteht in der Strafverfolgung, im Gegensatz zur Gefahrenabwehr, jedoch keine juristische Handlungsfreiheit. Die Missachtung der Strafverfolgungsverpflichtung bei Kenntniserlangung einer mit Strafe bedrohten Handlung, erfüllt den Straftatbestand der „Strafvereitelung im Amt" gem. § 258a StGB.

---

[89] Vgl. *Ostendorf* 2018, S. 60.

III. Viktimologie

In den meisten Fällen werden Strafanzeigen durch die Opfer einer Straftat erstattet.[90] In der Regel wird durch sie das Strafverfahren erst in Gang gebracht und ohne die aktive Mitwirkung des Verletzen, des Opfers, wird ein Strafverfahren häufig undurchführbar.[91] Allerdings kann eine institutionelle Strafverfolgung eine erneute Belastung – die sogenannte sekundäre Viktimisierung[92] – für das Opfer bedeuten und ggf. das Anzeige- und Aussageverhalten beeinträchtigen. Daher ist es wichtig zu verstehen, was es bedeutet ein Opfer zu sein, warum jemand zu einem Opfer werden kann bzw. welche Faktoren diesbezüglich verstärkend wirken können (Opfertypologie), welche Folgen die Opferwerdung (Viktimisierung) mit sich bringt und wie sich die soziale Reaktion auf ein Opfer, bspw. auf sein Anzeigeverhalten, auswirkt. Bezogen darauf, sind der Umgang von Strafjustiz und Medien mit dem Opfer sowie Maßnahmen der Opferhilfe von großem Interesse.[93] Das Forschungsfeld der Viktimologie widmet sich insbesondere der Erforschung und Untersuchung dieser vorgenannten Themenbereiche.

1. Begriffsbestimmung

Der Begriff der Viktimologie stammt vom lateinischen Wort „victima", das Opfer, und dem griechischen Wort „logos", die Lehre, ab. Demzufolge bezeichnet der Begriff Viktimologie im engeren Sinne die Lehre vom Opfer. Heute wird allgemein jedoch eine weitere Auslegung des Begriffs bevorzugt, welche neben der Lehre vom Opfer auch die Lehre der Opferwerdung und die Lehre von der sozialen Reaktion auf das Opfer umfasst.[94]

Streitig ist, wer den Begriff der Viktimologie zuerst benannte.[93] [95] *Schneider* zufolge soll dies der deutsche Kriminologe *Hans von Hen-*

---
90 Vgl. *Kunz/Singelnstein* 2016, S. 257; *Schwind* 2016, S. 435.
91 Vgl. *Landau* 2003, S. 11.
92 Für Begriffsbestimmung „sekundäre Viktimisierung" s. Kapitel III.2 4.2.2.
93 Vgl. *Sautner* 2014, S. 1 ff.
94 Vgl. *Clages/Zimmermann* 2010, S. 177.
95 Vgl. *Schwind* 2016, S. 414.

tig gewesen sein, als er den Begriff der Viktimologie am 4.9.1934 in der Kölner Zeitung erstmals benutzte.[96]

2. Entstehungsgeschichte der Viktimologie

Zwar wurde die Rolle des Opfers bereits vereinzelt in kriminologischen Schriften des 19. Jahrhunderts berücksichtigt; die herausragende und führende Rolle spielte dennoch der Täter, wollte man feststellen, welche Ursachen die Kriminalität eines Täters bedingen. Zu welchem Zeitpunkt daher die Disziplin der Viktimologie entstand ist in der Literatur ebenfalls streitig. Zumeist wird die Arbeit von *Hans von Hentig*, „The Criminal and His Victim" (übersetzt von der Autorin: „Der Verbrecher und sein Opfer „), verfasst 1948, als Beginn einer systematischen Opferbetrachtung genannt.[97] In seiner Monographie verstand *von Hentig* „[...] Kriminalität nicht länger als Ereignis, dessen Ursachen allein in der Person des Täters zu suchen sind, sondern stellte umgekehrt die Frage, was Menschen zu Opfern macht"[98]. Auf diese Weise entstand eine viktimologische Forschung, da man erkannte, dass beim Entstehen einer Tat, der Gestaltung der Tatgelegenheit und im Rahmen der Sozialkontrolle die persönliche Rolles des Opfers einen mitentscheidenden Einfluss hat.[99] Nicht nur die Täterfokussierung, sondern auch die Auseinandersetzung mit dem Opfer ist für eine fortschrittliche Verbrechensvorbeugung und Kriminalitätsaufklärung unabdingbar. Im Rahmen dieser Forschungen erstellte *von Hentig* eine erste Opfertypologie auf die nachfolgend vertiefend eingegangen wird.

Bis heute ist unter den Kriminologen streitig, ob es sich bei der Viktimologie um eine unabhängige und selbständige Disziplin handelt. Die Mehrheit sieht die Viktimologie als Teildisziplin der Kriminologie an. „Die Viktimologie ist von großer praktischer Bedeutung für die Kriminalpolitik"[100]. „Kriminologie ohne Viktimologie ist heute nicht mehr denkbar [...]"[101]. Aber dennoch ist die Viktimologie eine

---

96 Vgl. *Schneider* 1975, S. 20 ff.
97 Vgl. *Sautner* 2014, S. 1 ff.
98 *Sautner* 2014, S. 6.
99 Vgl. *Clages/Zimmermann* 2010, S. 177.
100 *Schneider* 1975, S. VII.
101 *Kury* 2010, S. 67.

vergleichsweise noch junge, facettenreiche Wissenschaft mit interdisziplinären Bezügen zur Kriminologie, Kriminalsoziologie, zur (forensischen) Psychologie, zur Psychiatrie und weiteren medizinischen Fachrichtungen sowie zur Kriminalistik und besonders zur Rechtswissenschaft.[102] Das bisweilen rasante Aufstreben der Viktimologie und ihre Popularität in der Wissenschaft ist dabei eng mit der Wiederentdeckung der Bedeutung des Verbrechensopfers insbesondere im Strafrecht verbunden und wurde maßgeblich auch durch die Entstehung von Opferhilfeeinrichtungen wie bspw. dem Weissen Ring im Jahr 1976 (in Deutschland) beeinflusst.[103]

3. Opferbegriff

Wenngleich der Begriff des Opfers in der Alltagssprache sehr geläufig ist und vermeintlich keiner weiteren Erläuterung bedarf, ist das Verständnis des Opfers in der Viktimologie ein anderes.[104] Denn im Alltagsgebrauch trägt das Wort „Opfer" eine soziale Konnotation mit sich, die mit Schwäche, Hilflosigkeit und Untätigkeit verbunden ist.[105] Aktuell wird das Wort Opfer gar als Schimpfwort in der Jugendsprache verwandt und erfährt hierdurch eine ausschließlich negative Assoziation in der Gesellschaft.[106] Auch in der Viktimologie ist der Opferbegriff nach wie vor streitig und konfliktreich. Eine einheitliche Definition des Opferbegriffs lassen sowohl Kriminologie als auch Viktimologie bislang vermissen.[107]

In der Literatur existieren verschiedene Ansätze zur Begriffsbestimmung, welche für die kriminologische Praxis jedoch nur mäßig nutzbar sind.[108] Es darf an dieser Stelle angemerkt werden, dass es aus wissenschaftlichen und methodischen Gründen angezeigt erscheint, eine Begriffsdefinition zum Opfer vorzunehmen, welche zumindest für das vorliegende Handbuch Gültigkeit erhält.

---

102 Vgl. *Clages/Zimmermann* 2010, S. 177; *Sautner* 2014, S. 5.
103 Vgl. *Schwind* 2016, S. 415.
104 Vgl. *Sautner* 2014, S. 14.
105 Vgl. *Leuschner/Schwanengel* 2015, S. 16.
106 Vgl. *Haverkamp* 2015, S. 45.
107 Vgl. *Clages/Zimmermann* 2010, S. 177; *Kiefl/Lamnek* 1986, S. 27; *Sautner* 2014, S. 14; *Schneider* 1975, S. 10-11; *Schwind* 2016, S. 413.
108 Vgl. *Kiefl/Lamnek* 1986, S. 63.

Strafrechtlich betrachtet fand der Begriff des Opfers zunächst nur im JGG Anwendung. In der StPO wurde bis zur Einführung des sogenannten Täter-Opfer-Ausgleichs[109] im Jahr 1999 lediglich der Begriff des Verletzten verwendet – wobei der Begriff „Opfer" hier nur in der Normbezeichnung, nicht im Gesetzestext selbst, vorkommt. Im StGB hingegen wird auch im Gesetzestext selbst der Begriff „Opfer" verwendet.[110]

> **Nachgeschlagen** (Auszug):
> **§ 80 III S.1 Nr.1 und 2 JGG – Privatklage und Nebenklage**
>
> (3) Der erhobenen öffentlichen Klage kann sich als Nebenkläger nur anschließen, wer verletzt worden ist
> 1. durch ein Verbrechen gegen das Leben, die körperliche Unversehrtheit oder die sexuelle Selbstbestimmung oder nach § 239 Absatz 3, § 239a oder § 239b des Strafgesetzbuches, durch welches **das Opfer** seelisch oder körperlich schwer geschädigt oder einer solchen Gefahr ausgesetzt worden ist,
> 2. durch einen besonders schweren Fall eines Vergehens nach § 177 Absatz 6 des Strafgesetzbuches, durch welches **das Opfer** seelisch oder körperlich schwer geschädigt oder einer solchen Gefahr ausgesetzt worden ist, oder
>
> (*Hervorhebungen im Absatz durch die Autorin*)

Sautner differenziert zwischen den verschiedenen Opferbegriffen in Abhängigkeit zum Viktimologiebegriff: Demnach ist in der allgemeinen Viktimologie jeder Opfer, unabhängig wie und durch welches Ereignis jemand geschädigt wurde, solange ihm Unrecht und Leid widerfahren ist.[111] Ein etwas eingeschränkteres Verständnis des Opferbegriffs entsteht, wenn man sich nach dem Konzept der Viktimologie richtet, das mit Opfern von Menschenrechtsverletzungen arbeitet. Jedoch der engste und in der Viktimologie vorherrschende Opferbegriff ist jener, welcher auf das Verbrechensopfer abstellt. Dieses Opferverständnis hängt zwangsläufig davon ab, welche Handlung der Gesetzgeber als strafbar bewertet. Dies macht deutlich, dass ebenso wie der Begriff des Verbrechens, der Opferbegriff ein rein normatives

---
109 Vgl. §§ 153a I Nr.5, 155a und 155b StPO.
110 Vgl. § 46a StGB.
111 Vgl. *Sautner* 2014, S. 14-17.

Konstrukt ist, das sich im Laufe der Zeit immer wieder verändern und anpassen kann. Für den einzelnen Polizisten ist es wichtig, dies zu verstehen, denn mögliche Veränderungen des Opferbegriffs können – wenn auch nur in Nuancen – die polizeiliche Arbeit verändern. Konkret bedeutet das, dass sich jeder Polizeibeamte zu Beginn seiner Laufbahn mit dem für sein Bundesland individuell bestimmten Opferbegriff auseinandersetzen sollte um im täglichen Umgang mit Menschen korrekt handeln zu können. In der Regel verfügen die Länder über gesonderte Rahmenkonzeptionen, Richtlinien oder sonstige Konzeptpapiere, in denen der jeweils gültige Opferbegriff nochmals individuell formuliert wurde. Oftmals findet man diese Definitionen auch auf den Internetseiten der einzelnen Landespolizeien. Unter der Rubrik Opferschutz auf der Internetseite der Polizei Rheinland-Pfalz kann man z.b. folgendes lesen: „Opfer im Sinne des Polizeilichen Opferschutzes ist, wer durch eine Tat oder ein Ereignis unmittelbar oder mittelbar in seinem seelischen Wohlbefinden, seiner körperlichen Unversehrtheit, materiell und/oder sozial beeinträchtigt wurde"[112]. Hier wird über das Verbrechensopfer hinaus auch jenes Opfer in die Definition mit einbezogen, welches mittelbar in irgendeiner Art und Weise geschädigt wurde. Somit sind auch Familienangehörige von Opfern in diesem Opferbegriff inbegriffen.

Ebenfalls erfasst sind somit aber auch Zeugen z.B. von tödlichen Verkehrsunfällen, Amoktaten oder sonstigen größeren Gefahrenlagen. Erfahrungsgemäß ergibt sich aus solchen mittelbaren Opfererfahrungen jedoch kein Spannungsfeld zwischen einer gewünschten Opferbetreuung und der Verpflichtung zum Legalitätsprinzip, weshalb solche Opfer nicht im Fokus dieses Handbuchs stehen.

Im Rahmenbeschluss des Rates der Europäischen Union vom 15.3.2001 über die Stellung des Opfers im Strafverfahren wird der Begriff Opfer wie folgt definiert: Opfer ist „[...] eine natürliche Person, die einen Schaden, insbesondere eine Beeinträchtigung ihrer körperlichen oder geistigen Unversehrtheit, seelisches Leid oder einen wirtschaftlichen Verlust als direkte Folge von Handlungen oder Unterlassungen erlitten hat, die einen Verstoß gegen das Strafrecht eines Mitgliedstaats darstellen"[113]. Die EU klammert juristische Personen aus

---

112 Ministerium des Innern und für Sport Rheinland-Pfalz (online).
113 Vgl. ABl Nr. L 82, S. 1-4.

ihrer Definition aus. Auch nach den Richtlinien für die Führung der PKS, sind Opfer nur „[...] natürliche Personen, gegen die sich die mit Strafe bedrohte Handlung unmittelbar richtete"[114].

Schneider definiert das Opfer im engeren Sinne als „[...] eine Person, [...], die durch eine Straftat gefährdet, geschädigt oder zerstört wird"[115]. Im Jahr 2010 führt Schneider hierzu ergänzend aus: „ Nach dem derzeitigen Stand der Forschung versteht man unter Opfer individuelle (oder kollektive) Personen, die physische, psychische oder soziale Verletzungen, insbesondere emotionale Leiden, ökonomischen Verlust oder substantielle Beeinträchtigungen ihrer Menschrechte durch kriminelles Verhalten davongetragen haben"[116]. Mittels des Wortlauts „durch kriminelles Verhalten" wird deutlich, dass hier das Opfer in Abhängigkeit einer strafbaren Handlung definiert wird.

Nachfolgend, wird sich an der oben genannten Opferdefinition von Schneider aus dem Jahr 2010 orientiert. Ist im Folgenden allgemein von einem Opfer die Rede, so ist damit jede Person gemeint, die eine physische, psychische oder soziale Verletzung erlitten hat, der eine strafbare Handlung vorausgegangen ist. Miterfasst sind auch Familienangehörige des unmittelbaren Opfers, da diese ebenfalls von den Folgen der Tat betroffen sein können und ggf. auch Beratung und Information bei Strafverfolgungsorganen suchen. Es ist somit nicht von Bedeutung, ob es sich bspw. um Opfer von Gewaltdelikten oder Eigentumsdelikten handelt. Der nachfolgend verwandte Begriff des Opfers ist somit äquivalent zu den Begriffen Betroffener, Geschädigter oder Verletzter zu verstehen. Dennoch fokussiert die vorliegende Ausarbeitung lediglich das individuelle Opfer, also nicht das von *Schneider* ebenfalls erfasste kollektive Opfer. Dies ist nicht zuletzt damit zu begründen, dass kollektive Opfer wie z.B. Unternehmen oder staatliche Einrichtungen primär nicht die Polizei kontaktieren sondern über eigene Rechtsberater verfügen, die bei strafrechtlichen Fragen und Problemen vorrangig befragt werden. Auch werden nur solche Opfer berücksichtigt, die zugleich Opfer einer per Gesetz normierten Straftat geworden sind. Das Fehlen dieses Merkmals würde die Erstellung dieses Handbuchs ansonsten überflüssig machen.

---

114 Vgl. BKA 2019, S. 8.
115 *Schneider* 1975, S. 11.
116 *Ders.* 2010, S. 313.

> **Merke:**
> - Opfer ist, wer eine physische, psychische oder soziale Verletzung erlitten hat, der eine strafbare Handlung vorausgegangen ist.
> - Dies schließt Familienangehörige des unmittelbaren Opfers mit ein.
> - Berücksichtigt werden Opfer jedweder mit Strafe bedrohten Tat.
> - Der Begriff des Opfers ist den Begriffen des Betroffenen, Geschädigten oder Verletzten gleichgestellt.

4. Forschungsaufgaben der Viktimologie

Das Forschungsfeld der Viktimologie ist, wie eingangs bereits erwähnt, vielfältig.[117] Die augenscheinlich vordringlichsten und für das Gesamtverständnis dieses Buches relevantesten Forschungsaufgaben der Viktimologie werden nachfolgend kurz beschrieben und erörtert.

4.1 Opfertypologien

Eine, wenn nicht sogar die, Kernaufgabe in der Viktimologie ist „[...] die Erforschung der Voraussetzungen und Bedingungen, die das Opfer zur Entstehung einer Straftat setzt. Diese bestehen in der jeweiligen Disposition und im Verhalten des Opfers, durch welche die Art und die Intensität der Tat entscheidend beeinflusst werden"[118]. Um die verschiedenen Opferdispositionen zu erklären, werden verschiedene sozialwissenschaftliche Ansätze genutzt.

In dem Versuch, die umfangreichen empirischen Daten zu systematisieren und kategorisch einzuordnen, beschäftigen sich einige Ansätze mit sogenannten Opfertypologien.[119] Im Laufe der Entwicklung der Viktimologie sind unterschiedliche Opfertypologien geprägt worden, welche jedoch weniger erklärenden als beschreibenden Charakter haben. Dennoch ermöglicht die Erstellung einer Opfertypologie den Kriminologen die Entwicklung konkreter Strategien zum Opferschutz, welche ggf. auf eine Vielzahl von Personen angewendet werden können.[120]

---

117 Vgl. *Schneider* 1975, S. 15; *Schwind* 2016, S. 415.
118 *Clages/Zimmermann* 2010, S. 178.
119 Vgl. *Ramson* (online).
120 *Clages/Zimmermann* 2010, S. 178.

Die vermutlich bekannteste und zugleich auch älteste Opfertypologie stammt von *Hans von Hentig*.[121] Er legt dabei eine phänomenologische Kategorisierung zu Grunde: bspw. werden häufig ältere und damit häufig relativ wehrlose Menschen aufgrund ihrer besonderen biologischen Konstitution Opfer von Handtaschendiebstählen.[121] Insgesamt entwickelt *von Hentig* folgende Kategorien: Junge, Alte, Frauen, geistig Kranke und Behinderte, Immigranten, Minderheiten, dumme Normale, Depressive, Gewinnsüchtige, Promiskuitive, Einsame und Menschen mit gebrochenen Herzen, Quäler und Blockierte.[122] Jede Gruppe ist für sich genommen auffällig hinsichtlich einer Opferwerdungswahrscheinlichkeit.

Beniamin Mendelsohn hingegen entwickelt im Jahr 1956 eine Opfertypologie, welche alleine auf den Schuldanteil des Opfers an dem Tatgeschehen abstellt.[123] Nach seinem Verständnis gibt es völlig unschuldige Opfer, solche mit nur geringer Schuld am Tatgeschehen aufgrund von Unachtsamkeit, Opfer, die ebenso schuldig sind am Tatgeschehen wie die Täter, Opfer, die eine Opferwerdung in besonderer Weise provozieren und allein schuldige Opfer, welche im Zuge einer Täterschaft selbst verletzt und somit erst zum Opfer werden.[124] Im Vergleich zur Typologie, die Von Hentig entwickelte, ist die Typologie von *Mendelsohn* stark von subjektiven Interpretationen geprägt.

Eine ebenfalls deutungsgeprägte, jedoch die mitunter praxisorientierteste Opfertypologie, entwickelt *Ezzat A. Fattah* in den 60er-Jahren, indem er nach dem Tatbeitrag des Opfers kategorisiert.[125] Er unterscheidet fünf Opferkategorien:

- das nicht mitwirkende Opfer,
- das latente oder prädisponierte Opfer,
- das provozierende Opfer,
- das mitwirkende Opfer
- und das falsche Opfer, also solche, die nur glauben oder gar vortäuschen, Opfer geworden zu sein.

---

121 Vgl. *Schwind* 2016, S. 416.
122 Vgl. *von Hentig* 1948, S. 404 ff.; *Schneider* 1975, S. 53.
123 Vgl. *Clages/Zimmermann* 2010, S. 181; *Schneider* 1975, S. 53.
124 Vgl. Sautner 2014, S. 7.
125 Vgl. Clages/Zimmermann 2010, S. 179; Schneider 1975, S. 54.

Zu all den hier in Kürze vorgestellten Typologien ist anzumerken, dass diese aus heutiger Sicht für die Viktimologie kaum von Nutzen sind, da sie entweder von rein deskriptiver Natur oder in hohem Maß von Deutungsinhalten abhängig sind, welche eine klare Differenzierung nahezu unmöglich macht.[126] Sie sind aufgrund fehlender „empirisch-faktorenanalytischer" Grundlagen für die kriminologische – und somit auch für die viktimologische – Forschung „nicht verwendbar"[127]. Dennoch „[...] darf man [...] nicht übersehen, dass eine Typologie dabei hilft, die Vielfalt des Opferverhaltens ins Blickfeld zu rücken, das nicht zuletzt auch im Rahmen der Strafzumessung (§ 46 StGB) Bedeutung besitzt"[128]. Dieser Argumentation schließt sich das vorliegende Handbuch an. Es ist wichtig während eines polizeilichen Beratungsgespräches oder auch in einer späteren Anzeigenaufnahme die speziellen Opferbedürfnisse, welche sich aus der Opfertypologie ableiten lassen, zu kennen und zu berücksichtigen. Die besonderen Bedürfnisse und Wünsche der Opfer im Rahmen eines polizeilichen Kontaktes werden im Verlauf des Buches noch konkret erörtert.

4.2 Viktimisierung: primär, sekundär, tertiär und quartär

Das Erleben einer Straftat stellt für die meisten Opfer eine tiefe Zäsur in ihrem Leben dar und geht häufig mit psychischen Verletzungen und einer erhöhten Kriminalitätsfurcht einher. Für manche Opfer kann das Erlebte ein psychisches Trauma bedeuten und sie leiden unter quälenden Ängsten, Schlafstörungen und Alpträumen.[129] Insbesondere können Opfererfahrungen bei Kindern das gesamte weitere Leben in psychischer und physischer Hinsicht beeinflussen.[130]

Der Prozess des „[...] Zum-Opfer-Machens und des Zum-Opfer-Werden [...]" wird in der Literatur als Viktimisierung bezeichnet.[131] Damit werden die verschiedenen Stufen der Auswirkungen und Folgen einer (Straf-)tat auf das Opfer beschrieben. Es wird im Allgemei-

---

126 Vgl. *Sautner* 2014, S. 9.
127 *Schneider* 1975, S. 57.
128 *Schwind* 2016, S. 417.
129 Vgl. *Priet* 2010, S. 156 ff.
130 Vgl. *Gündner-Eder* 2013, S. 1.
131 *Schneider* 1975, S. 15.

nen zwischen drei Stufen der Viktimisierung unterschieden: primäre, sekundäre und tertiäre Viktimisierung.

4.2.1 Primäre Viktimisierung

Wird eine Person durch eine Handlung unmittelbar in einen Zustand versetzt, durch den sie einen psychischen, physischen oder materiellen Schaden erleidet, so spricht man von einer primären Viktimisierung.[132] Neben einer allgemeinen Kriminalitätsfurcht wächst bei Opfern dann oft auch die Angst, dass sie nochmal zum Opfer werden (Viktimisierungsfurcht). Ohne individuelle Bewältigungsstrategien oder ggf. auch entsprechender Hilfe von außen können daraus lebenslange Folgen erwachsen. Je nach Intensität oder dem individuellen Erleben der Tat können beim Opfer sogar weitreichende Traumata entstehen.[133] Alpträume, Schlafstörungen, Flashbacks, allgemeine Schreckhaftigkeit, Reizbarkeit, gesteigertes Risikoverhalten, übermäßiger Alkohol- oder Drogenkonsum, Medikamentenmissbrauch, Gefühllosigkeit, sozialer Rückzug oder Konzentrationsschwächen können Folgen einer Opfererfahrung sein.[134] Gerade bei Einbruchsopfern, Opfern sexueller Gewalt oder bei Straftaten gegen das eigene Leben können häufig lebenslange Folgen der Opferwerdung beobachtet werden. So können auch psychische Schädigungen bspw. in Form posttraumatischer Belastungsstörungen oder depressiver Verstimmungen in unmittelbarem Zusammenhang einer Opferwerdung stehen.[134]

> **Beispiel:** Eine junge Frau wird auf ihrem Heimweg nach einem Konzertbesuch vergewaltigt. Hierbei erleidet sie körperliche wie seelische Verletzungen. Zukünftig vermeidet es die Frau in den Abendstunden das Haus zu verlassen. Auch tagsüber fühlt sie sich in Gegenwart fremder Männer häufig unwohl und es fällt ihr schwer sich auf den Alltag zu konzentrieren.

Typischerweise folgt der primären Viktimisierung die erste Befragung der Polizei. Diese Befragung, ggf. auch bereits Vernehmung, stellt das Opfer vor eine erneute Belastungssituation.[135]

---

132 Vgl. *Clages/Zimmermann* 2010, S. 186; *Sautner* 2014, S. 18; *Schwind* 2016, S. 256.
133 Vgl. *Landau* 2003, S. 11.
134 Vgl. *Kruse/Schmitt/Hinner* 2017, S. 58-63, 75-79 und 84-91.
135 Vgl. *Priet* 2010, S. 156 ff.

4.2.2 Sekundäre Viktimisierung

Eine durch Fehlreaktion des sozialen Umfelds hervorgerufene Stresssituation beim Opfer, bspw. aufgrund einer Berichterstattung über die Straftat in den Medien, kann eine sogenannte sekundäre Viktimisierung bedeuten. Aber auch Gerüchte die im Freundes- und Bekanntenkreis, in der Nachbarschaft oder den sozialen Netzwerken verbreitet werden, können eine sekundäre Viktimisierung für das Opfer bedeuten.[136] In jenen Fällen, in denen das Opfer sich zunächst der Familie, Freunden oder Verwandten anvertraut, kann eine soziale Fehlreaktion dazu führen, dass sich das Opfer diskriminiert, unverstanden und gebrandmarkt fühlt und als Folge von einer Anzeigenerstattung bei der Polizei gänzlich absieht.[137]

Neben Fehlreaktionen des sozialen Umfelds, können aber auch belastende Situationen, z.b. im Zusammenhang mit dem Kontakt zwischen dem Opfer und den Strafverfolgungsbehörden und Gerichten, zu einer sekundären Viktimisierung führen.[138] Allem voran steht hier die erste Befragung oder bereits Vernehmung durch die Polizei. In der Regel sind Betroffene nicht damit vertraut, als Zeuge von der Polizei vernommen zu werden.[139] Allerdings ist die Vernehmung des Opfers als unmittelbar Betroffener und vor allem Zeuge der Tat für die Ermittlungsarbeit der Strafverfolgungsbehörden unabdingbar. Doch auch wenn das Opfer eine herausragende Rolle in der Beweisführung spielt, sollte es nicht allein auf seine Rolle als Beweismittel reduziert und als solches instrumentalisiert werden.[140]

„Sekundäre Viktimisierung findet teilweise auch heute noch im Rahmen des Strafverfahrens statt, wenn eine Strafanzeige erstattet wird. Vielfach erleben sich die Opfer, trotz begrüßenswerter Unterstützung im Rahmen von Opferschutzmaßnahmen im Strafverfahren, nach wie vor als „bloße Zeugen", die dem Staat bei der Strafverfolgung helfen, dann aber mit ihren Problemen alleine gelassen werden"[141].

---

136 Vgl. *Kruse/Schmitt/Hinner* 2017, S. 76.
137 Vgl. *Clages/Zimmermann* 2010, S. 186; *Landau* 2003, S. 11.
138 Vgl. *Sautner* 2014, S. 18-19.
139 Vgl. *Kruse/Schmitt/Hinner* 2017, S. 98.
140 Vgl. *Landau* 2003, S. 11.
141 *Kury* 2010, S. 66.

Nicht zuletzt sollen die Hinweise des Opfers aber auch zur Ergreifung und ggf. Anklage des Täters führen. Dies bedeutet aber auch, dass das Opfer die Tat ein zweites Mal durchleben muss.[142] Erfolgt während dieser schwierigen Phase darüber hinaus ein inadäquater Umgang mit dem Opfer, z.B. durch Vorwürfe oder Vorhaltungen der eigenen Beteiligung an der Tat (sogenanntes „Victim Blaming"), durch Teilnahmslosigkeit, Bagatellisierung oder Ungeduld, kann es auch hier zu einer sekundären Viktimisierung kommen.[143] Erlebte Erfahrungen im Verlauf des Ermittlungs- und Strafverfahrens haben eine große Bedeutung für das Opfer, wenn es um die Verarbeitung des Geschehens geht.[144] „Nicht selten erleben Opfer die sekundäre Viktimisierung verletzender als die Tat selbst"[145].

> **Beispiel:** Im Anschluss an ihre erlebte Vergewaltigung vertraut sich die junge Frau zunächst ihrer Familie an. Dort wird sie mit Vorwürfen bezüglich der von ihr viel zu aufreizend getragenen Kleidung konfrontiert. Am nächsten Morgen begibt sich die junge Frau zur nächsten Polizeistation. Dort wird sie dafür gerügt, dass sie sich bereits geduscht und die am Abend getragene Kleidung schon gewaschen hat. Nach mehrfachen Vernehmungen bei immer wieder wechselnden Polizeibeamten muss die Frau Monate später bei Gericht erscheinen und ihre Aussage erneut zu Protokoll geben.

Der Prozess der sekundären Viktimisierung geht daher ursächlich nicht auf die erlebte Tat selbst zurück, wie dies bei der primären Viktimisierung der Fall ist, sondern u.a. auf einen unangemessenen Umgang mit dem Opfer, sei es durch die Familie und den Bekanntenkreis, die Medien oder auch die Strafverfolgungsbehörden.

> **Merke:**
> Von **sekundärer Viktimisierung** spricht man, wenn das Opfer die erlebte Tat ein „zweites Mal" erlebt. Zum einen wird dies durch verschiedene Reaktionen seitens des Umfeldes des Opfers (Familie, Freunde etc.) hervorgerufen. Zum anderen muss das Opfer im Rahmen des Ermittlungsprozesses die Tat bei der Polizei schildern und ggf. im Prozess auch in Anwesenheit des Täters erneut widergeben.

---

142 Vgl. *Clages/Zimmermann* 2010, S. 186.
143 Vgl. *Luscher* 2006, S. 50; *Hartmann*/ado e.V. 2010, S. 16; *Sautner* 2014, S. 18-19 und 100.
144 Vgl. *Priet* 2010, S. 160.
145 *Hartmann*/ado e.V. 2010, S. 17.

> Im Sinne des polizeilichen Opferschutzes, aber auch im Sinne der polizeilichen Ermittlungsarbeit (→ Anzeigenbereitschaft und Mitwirkung im Verlauf des Strafverfahrens) muss es das oberste Ziel sein, die Folgen einer sekundären Viktimisierung so gering wie nur irgendwie möglich zu halten. Hierfür ist jeder Polizeibeamte verantwortlich.

Die Gefahr für eine sekundäre Viktimisierung besteht generell über den gesamten Verfahrensverlauf hinweg. Durch unsensible und ungeschulte Verhaltensweisen seitens von Polizeibeamten kann ein erster Grundstein dafür gelegt werden, dass das Opfer zusätzlichen Belastungen ausgesetzt wird.[146] Da, wie bereits eingangs erwähnt, die Polizei oft die erste Anlaufstelle für die Opfer darstellt, muss es auch die Aufgabe der Strafverfolgungsbehörden sein, sekundäre Viktimisierung zu vermeiden bzw. so gering wie möglich zu halten. Im Rahmen der nachfolgenden Ausführungen über die Herausforderungen für die polizeiliche Aufgabenbewältigung in Bezug auf das Dilemma „Legalitätsprinzip vs. Opferschutz und Opferhilfe" wird auf die Vermeidung der sekundären Viktimisierung daher das Hauptaugenmerk gelegt.

4.2.3 Tertiäre Viktimisierung

Wenn primäre und sekundäre Viktimisierung dazu führen, dass das Opfer sein Selbstwertgefühl verliert und traumatische Reaktionen bspw. in Form von körperlichen Beeinträchtigungen wie Schmerzen, Angstzuständen oder Gedächtnisstörungen erleidet, so spricht man in der Literatur von einer tertiären Viktimisierung.[147] Bei manchen Opfern führt die Opfererfahrung sogar soweit, dass der Opferstatus in das eigene Selbstbild aufgenommen wird und sie dadurch noch opferanfälliger werden.[148] Sind die verletzten Menschen nach dem traumatischen Ereignis nicht mehr in der Lage zu einem normalen Verhalten zurückzukehren, so spricht man von einer erlernten Hilflosigkeit.[149] Eine Vertiefung dieser Theorie würde jedoch den Umfang des vorliegenden Handbuchs sprengen, weshalb auf eine detailliertere Ausführung verzichtet wird.

---

146 Vgl. *Jesionek* 2012, S. 105.
147 Vgl. *Schwind* 2016, S. 256.
148 Vgl. *Clages/Zimmermann* 2010, S. 186.
149 Vgl. *Schwind* 2016, S. 168.

> **Beispiel:** Die junge Frau leidet auch noch Jahre später unter Angstzuständen, häufigen Kopfschmerzen und ist aufgrund der Opfererfahrung meist nicht in der Lage sich länger auf eine Sache zu konzentrieren. Ihr Selbstwertgefühl hat sie verloren und sie meidet soziale Kontakte, insbesondere zu Männern. Ein Leben in einer Partnerschaft mit einem Mann, ist ihr nicht mehr möglich.

4.2.4 Quartäre Viktimisierung

In mancher Literatur findet sich auch der Begriff der quartären Viktimisierung. Die quartäre Viktimisierung umfasst Schädigungen der primären, sekundären und tertiären Viktimisierung, die durch bewusstes oder gezieltes Negieren der Opfereigenschaft verursacht oder aufrechterhalten werden. Hierzu zählen bspw. andauernde Medienberichterstattungen oder Verunglimpfungen der Opfer durch bestimmte Bevölkerungsgruppen.[150] In der Mehrheit der Literatur findet die Begrifflichkeit der quartären Viktimisierung jedoch keine Erwähnung, weshalb auch hier auf eine weiterführende Erläuterung verzichtet wird.

Es erscheint jedoch bereits an dieser Stelle erwähnenswert, dass – wie vorangestellt erörtert wurde – die Ausmaße einer Viktimisierung so vielseitig und weitreichend sein können, dass es von großer Bedeutung ist, jede zusätzliche Viktimisierung zu vermeiden. Sollte der Viktimisierungsprozess bereits weiter fortgeschritten sein, so muss es insbesondere das Ziel der Polizei sein, das Opfer für das Verfahren soweit zu stabilisieren, dass es dieses durchsteht und auch vernehmungsfähig ist und bleibt.[151] Hierzu zählt auch, dass erste obligatorische Maßnahmen des polizeilichen Opferschutzes, wie das Aushändigen und Erläutern des Merkblatts für Opfer einer Straftat oder das proaktive Vermitteln an den örtlich zuständigen Opferschutzbeauftragten der Polizei oder eine örtliche Opferhilfeeinrichtung, gewissenhaft und fachkundig ausgeführt werden. Unabhängig aller Bemühungen der Strafverfolgungsbehörden eine weitere Viktimisierung zu vermeiden, sollte auch nicht unerwähnt bleiben, dass eine Viktimisierung, gleich welcher Art, enorme gesellschaftliche Kosten verur-

---
150 Vgl. *Baurmann* 1996, S. 36 ff.; *Sautner* 2014, S. 19.
151 Vgl. Weisser Ring e.V. 2012, S. 146.

sacht.[152] Einer wissenschaftlichen Studie aus dem Jahr 2017 zu Folge belaufen sich die gesellschaftlichen Kosten, bspw. verursacht durch Häusliche Gewalt, auf rund 3,8 Milliarden Euro pro Jahr.[153]

Hinweis:
Mögliche gesellschaftliche Kosten als Folge einer Viktimisierung
- Polizeieinsätze
- Gerichtskosten
- Kosten für Unterstützungsangebote
- Überdurchschnittliche Besuche bei Fachärzten
- Überdurchschnittliche Krankheits- und Fehlzeiten
- Notwendige Rehabilitationsmaßnahmen oder Kuraufenthalte
- Vorzeitige Verrentung/Frühpensionierung
- Verlust des Arbeitsplatzes und Arbeitslosigkeit
- Traumafolgekosten bei Kindern
- u.a. (Aufzählung nicht abschließend)

4.3 Anzeigeverhalten

Ein weiteres Forschungsfeld der Viktimologie beschäftigt sich mit dem Anzeigeverhalten von Opfern. Bis auf wenige Ausnahmen werden alle bei der Polizei angezeigten Delikte in der jährlich erstellten PKS erfasst. Diese bildet das sogenannte Hellfeld ab. Zeigt ein Opfer eine Straftat nicht an und wird diese so den Strafverfolgungsbehörden nicht bekannt, so kann die Straftat nicht gezählt und in der PKS nicht erfasst werden; der Teil der zwar stattgefundenen, jedoch nicht registrierten Delikte, wird als Dunkelfeld bezeichnet.[154] Ein An- oder Absteigen der PKS Zahlen weist daher nicht unbedingt auf eine veränderte Kriminalitätsbelastung hin, sondern ist vor allem auf das Anzeigeverhalten der Opfer zurückzuführen.[155]

Somit hängt die Effizienz der polizeilichen Ermittlungstätigkeit maßgeblich von der Anzeigebereitschaft der Bevölkerung ab.[156] Denn bis auf wenige Ausnahmen werden Polizei und Staatsanwaltschaft erst auf begangene Straftaten aufmerksam, wenn diese von ihren Opfern

---
152 Vgl. *Kury* 2010, S. 66.
153 Vgl. *Sacco* 2017, S. 14.
154 Vgl. *Schwind* 2016, S. 40.
155 Vgl. *ders.* 2016, S. 430 ff.
156 Vgl. *Kühne* 2015, S. 215.

zur Anzeige gebracht werden.[157] Für eine Anzeige bzw. Nichtanzeige einer vom Opfer erlebten Straftat können verschiedene Faktoren ausschlaggebend sein.[158]
Diese lassen sich in verschiedene Kategorien[159] unterteilen:

- *Deliktspezifische Einflussfaktoren*
  Das Anzeigeverhalten ist häufig vom Delikt und der Schwere des Delikts abhängig. Schwerere Straftaten werden weit häufiger zur Anzeige gebracht als dies bei versuchten oder minderschweren Delikten der Fall ist. Dies dürfte insbesondere mit dem Ausmaß des Schadens in Verbindung stehen. Ist der Schaden zu gering, so erachten viele Opfer oft eine Anzeige bei der Polizei – auch aus zeitlichen Gründen – für nicht lohnenswert.[160] Einzige Ausnahme bilden jene Anzeigen, welche nur erfolgen um einen Nachweis der Anzeigenerstattung zur Vorlage bei einer Versicherung zu erlangen.[161] Häufig bezieht sich dies auf kleine Diebstahlsdelikte und Fundunterschlagungen bei denen in aller Regel kaum mit einer Ermittlung des Täters zu rechnen ist, jedoch die Vorlage einer Anzeigenbestätigung bei der Versicherung (oder zur Erledigung von Behördengängen) notwendig ist.

- *Täterbezogene Einflussfaktoren*
  Handelt es sich bei den Tätern bspw. um Kinder und Jugendliche oder alte Personen werden diese seltener angezeigt als Erwachsene mittleren Alters.[162] Dies kann zum einen mit einer gewissen Toleranzschwelle gegenüber den beiden Tätergruppen zusammenhängen. Zum anderen dürfte bei Kindern das Wissen um deren Strafunmündigkeit ebenso eine Rolle spielen.

- *Opferbezogene Einflussfaktoren*
  Aufgrund der persönlichen Betroffenheit werden Straftaten in aller Regel vom Opfer selbst angezeigt. Diesbezüglich spielt der Wunsch nach Täterbestrafung eine große Rolle, vor allem dann, wenn es zu einer wiederholten Viktimisierung gekommen ist.[162] Eine ausgeprägte Wut auf den Täter kann die Anzeigebereitschaft

---
157 Vgl. *Kiefl/Lamnek* 1986, S. 232; *Schwind* 2016, S. 429 und S. 435.
158 Vgl. *Clages/Zimmermann* 2010, S. 185.
159 Vgl. *ders.* 2016, S. 430 ff.
160 Vgl. *Schwind* 2016, S. 433.
161 Vgl. *Haupt* u. a. 2003, S. 71; *Schwind* 2016, S. 432.
162 Vgl. *Schwind* 2016, S. 433 ff.

verstärken.[163] Auffällig ist aber auch, dass Jugendliche sowie ältere Menschen seltener anzeigen. Jugendliche lösen ihre Konflikte eher auf informeller Ebene, während ältere Menschen sich vor bürokratischen Vorgängen fürchten.[164] Andererseits können auch fehlende oder fehlerhafte Rechtskenntnisse Opfer von einer Anzeigenerstattung abhalten.[165]

- *Täter-Opfer-Beziehung*
  Besonders hervorzuheben ist, dass die persönliche Verbindung zum Täter eine gravierende Rolle in Verbindung mit dem Anzeigeverhalten des Opfers spielt.[166] Familienangehörige und Freunde werden im Vergleich zu fremden Tätern grundsätzlich eher nicht angezeigt.[167]

- *Einflüsse Dritter auf das Anzeigeverhalten*
  Der Polizei kommt eine besonders hohe Bedeutung in Verbindung mit dem Anzeigeverhalten zu. Besteht kein oder nur ein eingeschränktes Vertrauen zu der Institution Polizei, so kann sich dies maßgeblich auf das Anzeigeverhalten von Opfern auswirken.[168] Wie bereits einleitend erwähnt, genießt die Polizei hierzulande einen grundsätzlich guten Ruf, was insbesondere auf die kundenorientierte „Rund-um-die-Uhr Hilfe" zurückzuführen ist.[169]
  Aber auch Freunde und Angehörige können Einfluss auf das Anzeigeverhalten der Opfer nehmen, indem sie das Opfer in dessen Vorhaben unterstützen oder auch von einer Anzeige abraten. Die Auswirkung von beeinflussendem Verhalten seitens von Freunden und Angehörigen gilt es nicht zu unterschätzen.

- *Einflüsse bereits vorhandener Anzeigeerfahrung*
  Besonders hervorzuheben sind hier vorhandene Erfahrungen mit der Polizei oder mit den Strafverfolgungsbehörden im Allgemeinen. Sie können sich maßgeblich auf das Anzeigeverhalten von Opfern auswirken. Opfer, welche bei vorherigen Anzeigen bei der Polizei schlechte Erfahrungen gemacht haben, weil sie inadäquat behandelt, nicht ausreichend über das weitere Verfahren infor-

---

163 Vgl. *Kilchling* 1995, S. 216.
164 Vgl. *Schwind* 2016, S. 433 ff.
165 Vgl. *Haupt* u. a. 2003, S. 339.
166 Vgl. *Kiefl/Lamnek* 1986, S. 233.
167 Vgl. *Hellmann* 2014, S. 195.
168 Vgl. *Linke* 2010, S. 147.
169 Vgl. *Feltes* 2014(b), S. 121.

miert oder schlimmstenfalls sogar abgewimmelt wurden, werden sich den erneuten Gang zur Polizei gut überlegen und ggf. darauf verzichten. Positive Erfahrungen im Zusammenhang mit einer vergangenen Anzeigenerstattung hingegen führen nachweislich dazu, dass diese Opfer häufiger als andere anzeigen.[170]

5. Zusammenfassung

In der Regel suchen Menschen, wenn sie Opfer von Straftaten geworden sind, zuerst die örtliche Polizeidienststelle auf. Durch die Anzeigenden wird der Strafprozess in Gang gesetzt. Daher ist es wichtig das Opfer, die Opferwerdung und die sozialen Reaktionen auf das Opfer und die Opferwerdung im Gesamtbild zu verstehen. Dieser Aufgabe widmet sich die Viktimologie, welche mehrheitlich als Teilgebiet der Kriminologie angesehen wird. Ihr zentraler Dreh- und Angelpunkt ist das Opfer. Damit ist jede Person gemeint, die eine physische, psychische oder soziale Verletzung, einen materiellen Schaden erlitten hat, der/dem eine strafbare Handlung vorausgegangen ist. Eine unmittelbare Betroffenheit wird in der hier verwendeten Definition nicht vorausgesetzt, so dass auch Familienangehörige als Opfer miterfasst sind. Das kollektive Opfer wird nicht miterfasst.

Der Begriff der Viktimisierung beschreibt den Prozess der Opferwerdung. Für dieses Handbuch maßgeblich ist der Prozess der sekundären Viktimisierung. Diese kann zum einen durch Fehlreaktionen des sozialen Umfelds, zum anderen aber auch durch belastende Situationen im Rahmen des Kontakts mit den Strafverfolgungsbehörden hervorgerufen werden. Wenn insbesondere die Polizei unangemessen auf die primären Viktimisierungserfahrungen des Opfers reagiert, bspw. durch Ignoranz der Opferbedürfnisse, Schuldzuweisungen („Victim Blaming"), Unverständnis und Teilnahmslosigkeit vor und während der polizeilichen Vernehmung, kann es zu einer erneuten Viktimisierung kommen. Dies wird von Seiten der Opfer häufig verletzender als die Tat selbst erlebt und kann sich auch auf das weitere Anzeigeverhalten sowie auf das Ansehen der Polizei negativ auswirken.

---

170 Vgl. *Schwind* 2016, S. 433 ff.

IV. Opferschutz und Opferhilfe

Eine der wichtigsten Aufgaben eines Staates ist der Schutz der Bürger vor Verbrechen.[171] Durch die Zusammenführung und die Unterstützung aller notwendiger Akteure sowie einer unterstützenden Gesetzeslage, kommt der Staat dieser Aufgabe aktiv nach. Darüber hinaus hat – knapp 100 Jahre nach dem Inkrafttreten der StPO – „mit dem veränderten Bild des Opfers in der Wissenschaft [...] auch die Entwicklung der Opferrechte in Deutschland eine beachtliche Dynamik erfahren"[172]. Diverse Reformen und Gesetzesnovellierungen haben erheblich zu einer Verbesserung der Rechtsposition von Opfern von Straftaten geführt und dazu beigetragen, das Opfer weniger als passiven Zeugen, als vielmehr als aktiven Verfahrensbeteiligten zu verstehen.[173] Die Intentionen eines aktiven Opferschutzes und der Unterstützung einer professionellen Opferhilfe seitens des Staates werden hierdurch deutlich. Der Weg bis dahin dauerte jedoch verhältnismäßig lang.

1. Opferschutz

Der Begriff des Opferschutzes umfasst die Maßnahmen zum Schutz von Kriminalitätsopfern im Rahmen des Ermittlungs- und Strafverfahrens.[174] Hauptakteure sind alle Strafverfolgungsbehörden sowie die Justiz. Die Polizei ist meist die erste Anlaufadresse für Opfer. Sie trifft erste Maßnahmen hinsichtlich des weiteren Verlaufs im Strafverfahren, wodurch ihr eine besondere Stellung im Opferschutz zukommt. Die Justiz unterstützt den Schutz von Opfern von Straftaten durch eine sich stetig weiter entwickelnde Gesetzeslandschaft.

---

171 Vgl. *Zypries* 2017, S. 9.
172 *Kilchling* 2010, S. 48.
173 Vgl. *Haverkamp* 2016, S. 45; *Kühne* 2015, S. 170.
174 Vgl. *Hartmann*/ado e.V. 2010, S. 11.

1.1 Entwicklung des Opferschutzes in Deutschland – ein Überblick

Spätestens seit dem Ende der 70er Jahre werden deutsche Gesetze zunehmend opferorientierter. Bis heute fand ein beachtlicher Reformprozess statt, der die Stellung des Opfers im Strafrecht und Strafverfahren entscheidend verbessert hat. Dies ist eine begrüßenswerte Entwicklung, die es jedoch auch weiterhin voranzutreiben gilt. Auch wenn die primäre Viktimisierung nicht mehr rückgängig gemacht werden kann und mit einem Strafprozess verbundene Belastungen nicht gänzlich beseitigt werden können, so besteht dennoch die Notwendigkeit immer noch existierende Schutzlücken zu schließen.

Im Rahmen der polizeilichen Arbeit ist es notwendig den bisherigen Entwicklungsverlauf zur Verbesserung der Opferrechte und des allgemeinen Opferschutzes zu kennen und daraus hervorgehende Kernelemente zu verstehen. Nur so kann ein Bewusstsein erwachsen, warum es auch weiterhin notwendig ist, nicht nur die Verfolgung des Täters im Blick zu haben, sondern auch die Schutzbedürftigkeit der Opfer. Daher wird nachfolgend die Entwicklung des Opferschutzes in ihren entscheidenden Punkten kurz dargestellt.

1976 – Opferentschädigungsgesetz (OEG)[175]

Den Auftakt einer in Deutschland bis heute stetig anwachsenden opferorientierten Gesetzesdynamik schuf das im Jahr 1976 in Kraft getretene Opferentschädigungsgesetz. Dieses umfasste bereits damals einen weitreichenden Leistungskatalog zur Entschädigung von Opfern von Gewalttaten. Ziel des OEG war und ist es, gesundheitliche und wirtschaftliche Folgen von Straftaten auszugleichen.[176] Einen tatsächlichen Wandel in Hinblick auf die Rolle des Opfers brachte das OEG aber noch nicht mit sich. Im selben Jahr wurde in Deutschland auch der Opferhilfeverband „Weisser Ring" gegründet, der bis heute mit rund 420 Außenstellen bundesweit im Bereich der Opferhilfe ehrenamtlich tätig ist.

---

175 BGBl. 1976 I 1181.
176 S. BMAS 2016 (online).

1985 – Empfehlung des Europarats und Erklärung der Vereinten Nationen

Knapp 10 Jahre später, im Jahr 1985 hatten die Opferrechtsbewegung sowie internationale Regelwerke und Vorgaben der Europäischen Union weitreichenden Einfluss auf die nationale Opfergesetzgebung.[177] Die Empfehlung des Europarats zur Stellung des Opfers innerhalb des Strafrechts und des Strafverfahrens vom 28.6.1985 und die Erklärung der Vereinten Nationen über die Grundprinzipien der rechtmäßigen Behandlung von Verbrechensopfern und Opfern von Missbrauch vom 29.11.1985 sind diesbezüglich besonders hervorzuheben.

1986 – Opferschutzgesetz (OSchG)[178]

Im Jahr 1986 wurde mit dem Ersten Gesetz zur Verbesserung der Stellung des Verletzten im Strafverfahren, dem sogenannten Opferschutzgesetz, die Stellung des Opfers im Strafverfahren erheblich verbessert. Insbesondere wurden die Beteiligungsrechte des Opfers, die Nebenklage sowie das Adhäsionsverfahren neu formuliert. Im Zuge der sich weiterentwickelnden Dynamik in Verbindung mit der Entwicklung der Opferrechte erfährt alleine dieses Gesetz bis dato drei sachgerechte Erweiterungen.

1990/1999 – Täter-Opfer-Ausgleich (TOA)[179]

Zunächst wurde jedoch – aufgrund der positiven Erfahrungen des bereits 1990 im Jugendstrafrecht verankerten Täter-Opfer-Ausgleichs – dieser im Jahr 1994 als neuer § 46a StGB in das allgemeine Strafrecht eingeführt und als Strafmilderungsgrund ausgestaltet.[180] Mit dem Gesetz zur strafverfahrensrechtlichen Verankerung des Täter-Opfer-Ausgleichs und zur Änderung des Gesetzes über Fernmeldeanlagen wurde im Jahr 1999 die Regelung des Täter-Opfer-Ausgleichs mit den neuen §§ 153a I Nr.5, 155a und 155b StPO in diese aufgenommen. Die Staatsanwaltschaft und das Gericht sind nunmehr verpflichtet in jedem Stadium des Verfahrens die Möglichkeiten eines Ausgleichs zwischen Beschuldigtem und Verletztem zu prüfen. Der Täter-Opfer-

---

177 Vgl. *Haverkamp* 2016, S. 45.
178 BGBl. 1986 I 2496.
179 BGBl. 1999 I 2491.
180 Vgl. BMJ 2005, S. I.

Ausgleich ist nur ein Element des sogenannten „Restorative Justice" Konzepts, welches sich ebenfalls in den 1970er Jahren entwickelte. Dieses Konzept hat die Wiedergutmachung des dem Opfer entstandenen Schadens zum Ziel. Durch die Mitwirkung des Opfers an diesem Vorgang wird das Opfer zum „[...] Hauptakteur bei der Reaktion auf kriminelles Geschehen [...]"[181].

1998 – Zeugenschutzgesetz (ZSchG)[182]

Nach einer Reihe spektakulärer Prozesse wegen sexuellen Missbrauchs von Kindern[183] trat am 1.12.1998 das Gesetz zum Schutz von Zeugen bei Vernehmungen im Strafverfahren zur Verbesserung des Opferschutzes, das sogenannte Zeugenschutzgesetz, in Kraft. Bei diesem Gesetz handelt es sich um ein sogenanntes Artikelgesetz, welches mehrere Gesetze zugleich verändert.

Mittels des Zeugenschutzgesetzes wird sichergestellt, dass schutzbedürftige Zeugen bei einer Vernehmung in einem Strafverfahren so gut wie möglich geschützt und geschont werden. Insbesondere bei der Vernehmung von kindlichen Opferzeugen können nun audiovisuellen Medien eingesetzt werden um psychische Belastungen sowie das Risiko einer sekundären Viktimisierung (bspw. durch gleichzeitige Anwesenheit und Konfrontation mit dem Täter im Gerichtssaal) zu reduzieren. Ebenso wird mit diesem Gesetz der von Amts wegen bestellte Zeugenbeistand eingeführt.

2002 – Gewaltschutzgesetz (GewSchG)[184]

Auf Forderungen der Frauenbewegung wurde im Jahr 2002 das Gesetz zur Verbesserung des zivilgerichtlichen Schutzes bei Gewalttaten und Nachstellungen sowie zur Erleichterung der Überlassung der Ehewohnung bei Trennung, das sogenannte Gewaltschutzgesetz, erlassen. Es ermöglicht z.B. den zeitlich befristeten Verweis des Täters von Partnergewalt aus der gemeinsam genutzten, ggf. ehelichen Wohnung, einerseits durch richterliche Schutz-Anordnung oder andererseits auch – bei Gefahr in Verzug – durch Polizeibeamte. Aber auch

---
181 *Sautner* 2014, S. 12.
182 BGBl. 1998 I 820.
183 Z.B. Flachslanden-Prozesse, BGH, Urt. v. 7.9.1995-1StR 236/95, NJW 1995, 3065 oder Wormser Prozesse, BGH, Urt. v. 30.7.1999-1StR 618/98, NJW 1999, 2746.
184 BGBl. 2001 I 3513.

Kontakt- und Annäherungsverbote können auf Grundlage dieses Gesetzes nun ausgesprochen werden.

2004 – 1. Opferrechtsreformgesetz (1. OpferRRG)[185]

Im Jahr 2004 entstand auf Basis des OSchG von 1986 schließlich das Gesetz zur Verbesserung der Rechte von Verletzten im Strafverfahren, das sogenannte erste Opferrechtsreformgesetz, welches die Informationsrechte sowie das Adhäsionsverfahren für Verletzte verbesserte. Das Gesetz orientierte sich hierbei an den Forderungen des EU-Rahmenbeschlusses vom 25.3.2001 über die Stellung des Opfers im Strafverfahren[186]: das Opfer kann so bereits in einem Strafverfahren z.b. Schadensersatz oder Schmerzensgeld geltend machen.

2009 – 2. Opferrechtsreformgesetz (2. OpferRRG)[187]

Nur fünf Jahre später, im Jahr 2009, wurde durch das Gesetz zur Stärkung der Rechte von Verletzten und Zeugen im Strafverfahren, dem sogenannte zweite Opferrechtsreformgesetz, (ebenfalls ein Artikelgesetz) die Möglichkeit der Nebenklage für den Verletzten erweitert und zugleich die kostenlose Beiordnung eines Opferanwaltes geregelt. Mit dem 2. OpferRRG wurde auch der vom Bundesverfassungsgericht bereits 1974 getätigten Forderung nach einem Anwesenheitsrechts eines Anwaltes bei der Vernehmung eines Zeugen Rechnung getragen.[188] Des Weiteren ist eine Vertrauensperson des Opfers bei der Vernehmung zuzulassen, soweit dies nicht den Untersuchungszweck gefährdet. Die Entscheidung hierüber trifft gem. § 406f II S.1 StPO die Vernehmung leitende Person. Aufgrund des Rahmenbeschlusses des Rates der Europäischen Union wird zudem die Informationspflicht gegenüber dem Verletzten erheblich erweitert und durch das 2. OpferRRG in der StPO (§ 406h StPO) verankert.

2012 – Mindeststandards für die Rechte, die Unterstützung und den Schutz von Opfern von Straftaten

Im Jahr 2012 erließen das Europäische Parlament und der Rat der Europäischen Union eine Opferrichtlinie über Mindeststandards für die Rechte, die Unterstützung und den Schutz von Opfern von Straf-

---

185 BGBl. 2004 I 1354.
186 ABl. L 82, 1.
187 BGBl. 2009 I 2280.
188 Vgl. *Herrmann* 2010, S. 237.

taten[189]. Der Rahmenbeschluss aus dem Jahr 2001 wurde hierdurch ersetzt. Die Opferrichtlinie hat insbesondere zum Ziel, „[…] eine respektvolle, einfühlsame, individuelle und professionelle Behandlung des Opfers zu gewährleisten […]"[190].

2013 – Gesetz zur Stärkung der Rechte von Opfern sexuellen Missbrauchs (StORMG)[191]

Mit dem StORMG erfährt der Opferschutz insbesondere für Kinder und Jugendliche die Opfer von sexuellem Missbrauch geworden sind weitere Verbesserungen. Mit der Umsetzung des Gesetzes wird es u.a. ermöglicht, zukünftig Mehrfachvernehmungen zu vermeiden, indem durch Einsatz von Videovernehmungstechnik eine persönliche Vernehmung in der Hauptverhandlung obsolet wird. Auch wird das Opfer vor öffentlicher Bloßstellung geschützt, indem die Öffentlichkeit von der Verhandlung ausgeschlossen werden kann. Das Gesetz unterstützt damit die allgemeinen Bestrebungen die Folgen einer sekundären Viktimisierung zu reduzieren. Darüber hinaus enthält das Gesetz weitere Verbesserungen und Erweiterungen zu Gunsten des Opferschutzes.

2014 – Gesetz zur Umsetzung der Richtlinie 2011/99/EU über die Europäische Schutzanordnung über die gegenseitige Anerkennung von Schutzmaßnahmen in Zivilsachen[192]

Mit diesem im Dezember 2014 in Kraft getretenen Gesetz soll ein grenzüberschreitender Schutz der Opfer von Gewalt gewährleistet werden. Schutzmaßnahmen, welche in einem anderen EU-Mitgliedsstaat zum Schutz einer Person vor Gewalt erlassen wurden, können durch eine sogenannte Europäische Schutzanordnung nun auch in Deutschland Wirkung entfalten. Umfasst sind dabei sowohl zivilrechtliche als auch strafrechtliche Gewaltschutzanordnungen.

2015 – 3. Opferrechtsreformgesetz (3. OpferRRG)[193]

Nachdem im Jahr 2013 das OSchG durch das Gesetz zur Stärkung der Rechte von Opfern sexuellen Missbrauchs umgestaltet und optimiert

---
189 ABl. 2012 L 315, 57.
190 *Märkert* 2016, S. 4.
191 BGBl. 2013 I 1805.
192 BGBl. 2014 I 1964.
193 BGBl. 2015 I 2525.

worden war, wurde im Jahr 2015 das Gesetz zur Stärkung der Opferrechte im Strafverfahren (3. Opferrechtsreformgesetz) verabschiedet und die EU-Opferschutzrichtlinie von 2012 in nationales Recht umgesetzt. Insbesondere sollen hierdurch „[…] Verletzte geschützt werden, die vorher noch keine [sic!] oder nur wenig Kontakt mit Strafverfolgungsbehörden hatten und für die ein Strafverfahren mit seiner ganz speziellen Sprache und den teilweise komplizierten Abläufen wenig durchschaubar ist"[194]. Hauptaugenmerk wurde hier auf die Verbesserung und Neuregelung der Hinweis- und Belehrungspflichten gegenüber dem Verletzten gelegt. Gegenüber der alten Fassung wird § 406h StPO a.F. durch die §§ 406i und 406j StPO ersetzt, welche erweiterte Informationspflichten innerhalb des Strafverfahrens (§ 406i StPO) und außerhalb des Strafverfahrens (§ 406j StPO) vorsehen.

Das Kernstück dieser Gesetzeserweiterung ist jedoch die gesetzliche Verankerung der psychosozialen Prozessbegleitung in der Strafprozessordnung. Diese Regelungen übertreffen die Anforderungen der EU-Opferschutzrichtlinien und sprechen dem Verletzten – insbesondere kindlichen und jugendlichen Opfern von Sexual- und Gewalttaten – eine vierte Person zur Unterstützung vor, während und nach der Hauptverhandlung zu.[195] Geregelt wurde dies im § 406g StPO, der aber erst am 1.1.2017 in Kraft getreten ist.

2016 – Fünfzigstes Gesetz zur Änderung des Strafgesetzbuches – Verbesserung des Schutzes der sexuellen Selbstbestimmung[196]

Am 10.11.2016 tritt das Gesetz zur Verbesserung des Schutzes der sexuellen Selbstbestimmung in Kraft. Mit dem nun u.a. neu gefassten § 177 StGB wird damit erstmals die Nichteinverständnislösung Bestandteil des Deutschen Strafrechts. Entgegen früherer Formulierungen ist nun jede sexuelle Handlung strafbar, die gegen den erkennbaren Willen einer Person vorgenommen wird. Damit wird der Grundsatz „Nein heißt Nein" im Strafgesetzbuch aufgenommen. Auch werden nun Tathandlungen unter Strafe gestellt, bei denen das Opfer keinen entgegenstehenden Willen bilden oder äußern kann.

---

194 *Märkert* 2016, S. 4.
195 Vgl. *Hubig* 2017, S. 84.
196 BGBl. 2016 I 2460.

Darüber hinaus wurde mit § 184i StGB ein neuer Tatbestand der sexuellen Belästigung geschaffen. Mittels dieser Vorschrift sollen Handlungen erfasst werden, die zwar keine sexuelle Handlung im Sinne des § 184h StGB darstellen, da sie die hierfür erforderliche Erheblichkeitsschwelle nicht erreichen, gleichwohl aber die Opfer sexuell belästigen.

2017 – Psychosoziale Prozessbegleitung im Strafverfahren (PsychPbG)[197]

Mit dem am 1.1.2017 in Kraft getretene Gesetz über die psychosoziale Prozessbegleitung im Strafverfahren (PsychPbG) wurde der § 406g StPO näher ausgestaltet. Durch das PsychPbG erfahren Opfer von besonders schweren Straftaten, aber auch ihre Angehörigen, eine besondere Form der Hilfe. Denn entgegen vieler anderer Unterstützungsangebote handelt es sich bei der psychosozialen Prozessbegleitung um keine rechtliche Begleitung des Opfers. Vielmehr soll das Opfer über den Verlauf des gesamten Prozesses des Strafverfahrens hinweg professional begleitet werden. Umfasst sind die Zeit vor, während und nach der Hauptverhandlung. Die Prozessbegleitung bietet Informationsvermittlungen als auch eine qualifizierte Betreuung und Unterstützung im gesamten Strafverfahren an. Ziel der psychosozialen Prozessbegleitung ist es, die individuelle Belastung des Opfers (und ggf. auch der Angehörigen) zu reduzieren, eine sekundäre Viktimisierung zu vermeiden und die Aussagetüchtigkeit zu erhöhen.

2018 – Übereinkommen des Europarats zur Verhütung und Bekämpfung von Gewalt gegen Frauen und häuslicher Gewalt/Istanbul-Konvention[198]

Am 1.2.2018 tritt das Übereinkommen des Europarats zur Verhütung und Bekämpfung von Gewalt gegen Frauen und häuslicher Gewalt, die sogenannte Istanbul-Konvention, in Deutschland in Kraft. Demnach ist Deutschland dazu verpflichtet, alles dafür zu tun, um Gewalt gegen Frauen zu bekämpfen, Betroffenen Schutz und Unterstützung zu bieten und Gewalt zu verhindern. Mit der Ratifizierung der Konvention sind alle staatlichen Organe, somit auch Gesetzgeber, Gerichte und Strafverfolgungsbehörden dazu verpflichtet, die sich aus

---

197 BGBl. 2015 I 2525, 2529.
198 BGBl. 2017 II 1026.

der Konvention ergebenden Verpflichtungen umzusetzen. Besonders hervorgehoben sei an dieser Stelle der Wortlaut des Artikel 18 III der Istanbul-Konvention. Hier heißt es u.a.: „Die Vertragsparteien stellen sicher, dass nach Maßgabe dieses Kapitels getroffene Maßnahmen [...] die Verhinderung der sekundären Viktimisierung zum Ziel haben [...]"[199]. Diesen Maßnahmen ist u.a. die psychosoziale Prozessbegleitung zuzuordnen.[200] In wie weit die hohen Anforderungen der Istanbul-Konvention im Einzelnen im Deutschland tatsächlich umgesetzt werden, soll an dieser Stelle nicht weiter erörtert werden.[201] Insgesamt ist mit der Istanbul-Konvention aber das erste völkerrechtliche Instrument im europäischen Raum zum Thema Gewalt gegen Frauen und Mädchen geschaffen worden.

2019 – Gesetz zur Regelung des Sozialen Entschädigungsrechts (SER)[202]

Am 19.12.2019 wird das Gesetz zur Regelung des Sozialen Entschädigungsrechts im Bundesgesetzblatt verkündet. Damit wird zum 1.1.2024 ein neues Sozialgesetzbuch (SGB XIV) geschaffen. Mit dessen Schaffung gehen u.a. mehr Transparenz und Rechtsklarheit sowie die Erweiterung der Zielgruppen, welche Leistungen des SER beziehen können, einher. Insbesondere werden Opfer von sexueller Gewalt bessergestellt. Auch wird der Zugang zu schnell wirksamen Leistungen erleichtert und die monatlichen anrechnungsfreien Entschädigungsleistungen deutlich erhöht. Bereits ab dem 1.1.2021 wird sichergestellt, dass eine Soforthilfe in einer Traumaambulanz (s. hierzu Kapitel IV.2) gewährleistet ist.

Das SGB XIV tritt grundsätzlich erst zum 1.1.2024 in Kraft, es gibt jedoch wesentliche Verbesserungen für Leistungsberechtigte des SER, die bereits jetzt umgesetzt worden sind. Als Ausfluss aus dem Terroranschlag auf dem Breitscheidplatz in Berlin wurden rückwirkend zum 1.7.2018 bspw. im Bundesversorgungsgesetz (BVG) die Waisenrenten und das Bestattungsgeld bei schädigungsbedingtem Tod erhöht.

---

199 Vgl. BMFSFJ 2019, S. 15-16.
200 Vgl. djb 2018 (online).
201 In der Stellungnahme des Deutscher Juristinnenbund e.V. vom 22.11.2018 werden einige Schutzlücken mit Hinblick auf die Umsetzung der Istanbul-Konvention in Deutschland aufgezeigt.
202 BGBl. 2019 I 2652.

2020 – EU-Strategien für die Rechte von Opfern

Im Juni 2020 legt die Europäische Kommission eine EU-Strategie für Opferrechte vor, „[…] die sicherstellen soll, dass alle Opfer von Straftaten ihre Rechte in vollem Umfang wahrnehmen können, unabhängig davon, wo in der EU die Straftaten begangen wurden"[203]. Insgesamt werden 5 Strategie-Schwerpunkte formuliert:

1. Wirksame Kommunikation mit den Opfern und Schaffung eines sicheren Umfelds, in dem die Opfer Straftaten anzeigen können.
2. Verbesserung der Unterstützung und des Schutzes der schutzbedürftigsten Opfer.
3. Erleichterung des Zugangs der Opfer zu Entschädigungsleistungen.
4. Ausbau der Zusammenarbeit und Koordinierung zwischen allen Beteiligten.
5. Stärkung der internationalen Dimension der Opferrechte.

Bereits beim Lesen der einzelnen Überschriften der 5 Strategie-Schwerpunkte wird deutlich, dass diesbezüglich auch ein „Neudenken"/„Umdenken" innerhalb der Polizeiorganisation notwendig wird.

Diese, sowie einige weitere, hier aufgrund der Fülle nicht genannten Reformen, eint der bereits einleitend zitierte Grundsatz des BGH: *„Aufgabe eines sozialen Rechtsstaats ist es nicht allein, darauf zu achten, dass die Straftaten aufgeklärt und Schuld und Unschuld in einem rechtsstaatlichen Verfahren festgestellt werden, sondern auch, dass die Belange des Opfers gewahrt werden"*[204]. Durch die vielfachen Reformen und Neuregelungen kommt der Staat seiner Aufgabe zum Schutz der Grundrechte potentieller Opfer vor Verletzungen durch potentielle Straftäter nach.[205]

An dieser Stelle darf nicht unerwähnt bleiben, dass die Besserstellung des Opfers nicht ausschließlich nur positive Reaktionen in der Fachwelt hervorruft. Aufgrund der in kurzen Abständen aufeinander folgenden Reformen wird vielfach bemängelt, dass es kein einheitliches und gut durchdachtes Reformkonzept gibt, sondern lediglich zügige

---

203 Vgl. Europäische Kommission 2020 (online).
204 *BGH*, Urt. v. 11.1. 2005-1StR 498/04, NJW 2005, 1519.
205 BVerfG, Zweiter Senat, Urt. v. 5.2.2004- 2BvR 2029/01 – Rn. 1-202.

Änderungen auf den Weg gebracht werden, die letztlich bald darauf wieder erneut einer Verbesserung und Änderung bedürfen.[206]

1.2 Polizeilicher Opferschutz

Mit Beginn der in Deutschland Ende der 70er Jahre aufkeimenden opferorientieren Gesetzesdynamik veränderte sich auch die polizeiliche Arbeit. Zunächst wurde der Bürger mittels kriminalpolizeilicher Beratungsstellen, Medieninformationen oder im Rahmen einer Tatortarbeit von der Polizei darüber aufgeklärt, wie er sich vor Straftaten wirksam schützen kann. Allem voran wurde technische Präventionsarbeit in Verbindung mit der Diebstahl- und Einbruchskriminalität betrieben. Später folgten auch verhaltensorientierte Ratschläge, die sich an viktimologischen Erkenntnissen orientierten und sich dadurch im Laufe der Zeit mitunter auch veränderten.[207] Heute trägt, neben der technischen und verhaltensorientierten Beratung, auch eine das Opfer schützende „Gesetzeslandschaft" maßgeblich zu einer opferbezogenen Kriminalprävention bei und ist Spiegelbild eines praktizierten Opferschutzes.

Nach einer erlebten Straftat kommt der Polizei in Bezug auf den Opferschutz eine besondere Verantwortung zu, da sie häufig die erste formelle Instanz ist, an die sich ein Opfer wendet.[208] Dies ist – wie bereits erörtert – auch auf das nach wie vor hohe Vertrauen der Bevölkerung in die Polizei und ihren guten Ruf zurückzuführen.[209] Doch neben aller verhaltensorientierter und technischer Beratungen bedeutet polizeilicher Opferschutz auch, dass die Bedürfnisse der Opfer Berücksichtigung finden.

„Opferschutz ist Aufgabe aller Polizeibeamtinnen und Polizeibeamten."[210]

Diese Aufgabe geht nicht zuletzt auch aus den jeweiligen Polizeigesetzen der Länder hervor, in denen die Gefahrenabwehr als originäre Aufgabe der Polizei formuliert wird.[211] Opferschutz ist Teilaufgabe

---

206 Vgl. *Kilchling* 2010, S. 49; *Herrmann* 2010, S. 237.
207 Vgl. *Clages/Zimmermann* 2010, S. 188.
208 Vgl. *Hofmann* 2010, S. 4-7.
209 Vgl. *Feltes* 2014(b), S. 121; *Reuband* 2012, S. 26.
210 Ministerium des Innern und für Sport Rheinland-Pfalz (online).
211 Vgl. z.B. § 1 I POG Rheinland-Pfalz.

polizeilicher Präventionsarbeit.[212] Im Interesse des Opferschutzes und der Opferhilfe ist es unerlässlich, dass Polizeibeamte Tatfolgen im Rahmen ihrer Möglichkeiten mindern. Es muss Aufgabe der Strafverfolgungsbehörden sein, sekundäre Viktimisierung zu vermeiden bzw. Belastungen so gering wie möglich zu halten. Dies ist nicht nur in Anbetracht des menschlichen Gegenübers angemessen, sondern kann auch erheblich zur Reduktion der gesellschaftlichen Kosten (bspw. aufgrund überdurchschnittlicher Krankheitszeiten, notwendiger Rehabilitationsmaßnahmen, oder vorzeitiger Verrentung) nach Viktimisierung beitragen.[213] Die Betroffenen hoffen auf eine aktive Unterstützung oder suchen wenigstens einen Rat oder eine Hilfestellung wie sie ihr „Problem" angehen können. Hierzu gehört es, verletzten Menschen Empathie, Respekt und Verständnis entgegenzubringen und sie als Subjekt zu akzeptieren. Häufig sind Opfer am Boden zerstört und können das Erlebte nur schwer in Worte fassen. Gleichzeitig sind sie aber, aufgrund des Vertrauensbruchs den sie durch die Straftat erlebt haben, für das gesprochene Wort, sowie Mimik und Gestik ihres Gegenübers hoch empfänglich. Dessen muss sich jeder Polizeibeamte bewusst sein. Opfer erwarten von den Menschen, denen sie sich öffnen, Fairness und Mitgefühl.[214]

> **Beispiel:** Eine Polizeistreife wird zu einer Familienstreitigkeit gerufen. Nach ersten Erkenntnissen, hat der Mann seine Ehefrau geschlagen. Dies ist auch in der Vergangenheit bereits schon häufiger vorgekommen.
>
> Der Ehemann wird durch die Beamten der gemeinsamen Wohnung verwiesen, damit die Ehefrau zunächst mit den Kindern dort verbleiben kann, bis in den nächsten Tagen eine dauerhafte Lösung gefunden wird. Die Polizeibeamten erläutern der Ehefrau vor Ort, welche Rechte und Möglichkeiten sie weiterhin hat. Aufgrund der hoch emotionalen Lage, scheint die Frau den Erläuterungen jedoch nicht richtig folgen zu können. Daher wird vereinbart, dass sich (mit ihrer Zustimmung) die örtlich zuständige Opferschutzbeauftragte am nächsten Tag bei ihr melden wird, um nochmals in Ruhe alle Rechte zu erläutern und das weitere Vorgehen zu besprechen.

Des Weiteren gehört zu einem professionellen polizeilichen Opferschutz, auf Wunsch des Opfers – aber auch aus Eigeninitiative heraus

---

212 Vgl. *Steffen* 2013, S. 93.
213 Vgl. *Kury* 2010, S. 66.
214 Vgl. *Herman* 2018, S. 82.

– den/die Betroffenen an Opferhilfeeinrichtungen vor Ort zu vermitteln oder wenigstens die Kontaktwege dorthin aufzuzeigen. Dabei genügt es jedoch nicht, vorhandene Broschüren auszuhändigen oder auf Seiten im Internet zu verweisen; hierzu ist die Fülle der Opferhilfeeinrichtungen mittlerweile zu vielfältig. Vielmehr sollte jeder Polizeibeamte in der Lage sein (regional ansässige) Opferhilfeeinrichtungen zu benennen, die der individuellen Opfererfahrung angemessen sind. Hierauf wird später im Verlauf nochmals vertieft eingegangen.

Nicht unerwähnt soll bleiben, dass bei Opfern, welche der deutschen Sprache nicht ausreichend oder gar nicht mächtig sind, Polizeibeamte zusätzlich gefordert sind. Viele Broschüren und polizeiliche Formulare sind bereits in mehreren Sprachen verfügbar; so auch das Merkblatt für Opfer einer Straftat. Im Einzelfall kann allerdings auch das zeitnahe Hinzuziehen eines Dolmetschers ratsam sein. Hierauf wird im weiteren Verlauf des Handbuchs nochmals Bezug genommen.

Hinweis:
In der polizeilichen Praxis werden manchmal auch Familienmitglieder oder Nachbarn der Opfer als „Dolmetscher" hinzugezogen um den Betroffenen zumindest das polizeiliche Handeln im ersten Angriff erklären zu können, sowie erste opferschutzrelevante Informationen weiterzugeben. Grundsätzlich sollte hierbei jedoch beachtet werden, dass bei dieser Vorgehensweise eine Informationsweitergabe 1:1 nicht überprüfbar bzw. gewährleistet ist. Um sicher zu gehen, dass das Opfer die Informationen vollumfänglich erhält, sollte daher im Zweifel auf amtliche bzw. neutrale Dolmetscher zurückgegriffen werden.

2. Opferhilfe

Der Begriff der Opferhilfe steht für die Unterstützung von Kriminalitätsopfern und hat zum Ziel den Opfern zu helfen, die primäre Viktimisierung zu verarbeiten und ggf. ihre Folgen zu lindern. Die Opferhilfe wird nicht nur während des Strafverfahrens gewährt, sondern auch darüber hinaus. Sie hat sich zu einem Tätigkeitsschwerpunkt in der Sozialarbeit entwickelt und leistet so einen Beitrag zur Bewältigung von Verletzungen in Folge einer Straftat.[215] Neben finanzieller

---
215 Vgl. *Hartmann*/ado e.V. 2010, S. 9.

und sozialer Unterstützung geben die Opferhilfeeinrichtungen bzw. Opferhilfeverbände dem Opfer aber auch eine Stimme in der Kriminalpolitik.[216]

Europaweit übt „Victim Support Europe", kurz VSE, eine Art Schirmherrschaft für Opfer aus.[217] In Deutschland wird mittels einer stetig wachsenden Zahl an Opferhilfeeinrichtungen versucht, dem Bedarf an Hilfe für Personen, die als Betroffene einer Straftat Unrecht und Leid erfahren haben, zu decken. Eine im Jahr 2015 durchgeführte Onlineumfrage sowie die Durchführung qualitativer Interviews hinsichtlich der Opferhilfelandschaft in Deutschland ergaben jedoch, dass der Bedarf an Hilfe für Opfer einer Straftat bis heute noch nicht gedeckt ist.[218] Diesbezüglich wird u.a. auf spezielle Hilfsangebote, bspw. für Männer oder Jungen verwiesen.

Über viele Jahre wurde die Opferhilfe in Deutschland überwiegend von privaten Einrichtungen mit ehrenamtlichen Laien durchgeführt.[219] So entstand im Jahr 1976 die Organisation „Weisser Ring e.V.", der erste bundesweit agierende Verein, der sich Kriminalitätsopfern und ihren Angehörigen widmet. Aus der Frauenbewegung der späten 1960er und 1970er Jahre heraus entstanden zahlreiche Frauenhäuser und besondere Beratungsstellen für weibliche Opfer.

Mit der „Hanauer Hilfe e.V." entstand 1984 die erste allgemeine Opferberatungsstelle in Hessen. Initiiert durch das Hessische Ministerium der Justiz leistet die Hilfeeinrichtung seitdem professionelle Hilfe für Kriminalitätsopfer in der Bundesrepublik Deutschland. Die Hanauer Hilfe hat es sich zur Aufgabe gemacht Opfern und Zeugen von Straftaten mittels eines Bereitschaftsdienstes Soforthilfe im Rahmen einer sozialarbeiterischen Beratung und Betreuung anzubieten. Um diese auf professioneller Basis gewährleisten zu können, wurden gemeinsam mit anderen in der Folge entstandenen Hilfeeinrichtungen Standards zur Unterstützung und Beratung entwickelt.

Der gegenseitige Erfahrungsaustausch mit anderen Einrichtungen führte im Jahr 1988 schließlich zur Gründung des „Arbeitskreis der

---

216 Vgl. *Haverkamp* 2016, S. 46.
217 Vgl. *Sautner* 2014, S. 175.
218 Vgl. *Leuschner/Schwanengel* 2015, S. 5.
219 Vgl. *Hartmann*/ado e.V. 2010, S. 9.

Opferhilfe in Deutschland e.V." (ado). Seit nun fast 30 Jahren vernetzt und fördert der heutige Dachverband die professionelle Opferhilfe in Deutschland und nimmt in freier Trägerschaft hoheitliche Aufgaben subsidiär für den Staat wahr.[220]

Seit dem Ende der 1980er Jahre haben sich auch Einrichtungen in Trägerschaft der Justiz etabliert. Sie bieten eine Zeugenberatung über das eigentliche Strafverfahren hinaus. Allerdings sind solche Einrichtungen im Vergleich noch sehr gering vertreten und Diskussionen über die Angliederung einer Opferhilfeeinrichtung an die Justiz kommen zu unterschiedlichen Ergebnissen. So wird einerseits die größere Hemmschwelle für die Opfer bemängelt, andererseits wird in der – auch räumlichen – Justiznähe ein Vorteil gesehen.[221]

Die professionelle Beratung innerhalb der allgemeinen Opferhilfe lässt sich aber noch verbessern. So gibt es ein Nord-Süd-Gefälle und ein Stadt-Land-Gefälle im Angebot der Opferhilfeeinrichtungen, welches sich insbesondere südlich der Mainlinie durch einen Mangel an allgemeinen Opferberatungsstellen auszeichnet; dem gilt es in Zukunft aktiv zu begegnen.[222]

Erwähnenswert ist jedoch, dass sich in jüngster Vergangenheit auch eine positive Entwicklung im Bereich der Opferunterstützung ergeben hat. Mit der Initiierung der sogenannten Traumaambulanzen wird insbesondere jenen Opfergruppen zusätzliche Hilfe angediehen, die psychische Beeinträchtigungen erlitten haben oder nach der Tat erleiden können.[223] Aufgrund ihrer Anbindung an Psychiatrien und/ oder Krankenhäuser erhalten Opfer schnell und unkompliziert psychotherapeutische Unterstützung. Da die Einrichtungen in der Regel auf der Grundlage des OEG arbeiten, werden die Kosten für eine Inanspruchnahme grundsätzlich vom zuständigen Versorgungsamt übernommen (anderenfalls von der eigenen Krankenkasse).[224] Zwischenzeitlich gibt es in allen 16 Bundesländern Deutschlands Kliniken, die im Sinne des OEG als Traumaambulanzen fungieren. Ihre Anzahl wächst stetig und beläuft sich derzeit auf über 175 Kliniken in

---

220 Vgl. *Frese* 2009, S. 9-14.
221 Vgl. *Leuschner/Schwanengel* 2015, S. 34.
222 Vgl. *Hartmann*/ado e.V. 2010, S. 14.
223 Vgl. *Treibel* 2013, S. 67.
224 Vgl. BMJV 2020 (online).

denen sowohl Erwachsene als auch Kinder- und Jugendlichen betreut und behandelt werden. Es ist erfreulich zu sehen, dass, bei Betrachtung von Abbildung 1, weitestgehend eine flächendeckende Verteilung der Ambulanzen gegeben ist.

Bei allem Optimismus hinsichtlich der Entwicklung der Traumaambulanzen in Deutschland existiert jedoch auch ein kleiner Wermutstropfen. Denn für die Inanspruchnahme von OEG-Traumaambulanzen kommen per Definition nur Personen in Betracht, die durch

- Kapitalverbrechen (z.B. schwere Körperverletzung),
- Vergewaltigungen,
- sog. Schockschäden (z.B. Tatzeugen von Mord und/oder Totschlag, schwere Körperverletzung),
- und/oder im Zusammenhang mit Gewalttaten im Ausland

geschädigt wurden, und bei denen es sich um einen vorsätzlichen, rechtswidrigen tätlichen Angriff gegen diese oder eine andere Person handelte. Auch bei Schäden durch eine zulässige Abwehr eines solchen Angriffs, kommt die Inanspruchnahme in Betracht.[225] Menschen, die z.B. Opfer eines tätlichen Angriffs, eines Einbruchsdiebstahls, eines Raubüberfalls oder Opfer von Stalking geworden sind, können sich per Definition somit nicht an die Traumaambulanzen wenden.

---

225 Vgl. LSJV Rheinland-Pfalz (online).

IV Opferschutz und Opferhilfe

Abbildung 1: Verteilung der Traumaambulanzen in Deutschland[226]

---

226 Die vorliegende Abbildung wurde via Google Maps (https://www.google.com/maps) erstellt und umfasst die Traumaambulanzen aus der Liste des BMJV mit Stand vom 10.9.2020 (s. Fußnote 224). Befinden sich am gleichen Standort mehrere Traumaambulanzen, bspw. aufgrund getrennter Bereiche für Erwachsene und Kinder- und Jugendliche, so wurde jeweils nur eine Markierung gesetzt. Teilweise konnten aufgrund der Abbildungsgröße nicht alle gesetzten Markierungen sichtbar dargestellt werden.

2.1 Opfertypbezogene Beratungsstellen

Allgemein kann kein Opfer mit einem anderen Opfer verglichen werden. Insbesondere können Opfer unterschiedlicher Delikte, nachfolgend als Opfertypen bezeichnet, nicht in ihren Bedürfnissen und Wünschen miteinander verglichen werden. Dieser Umstand wird spätestens durch einen Blick in das StGB sichtbar. So fällt bspw. die Strafe für einen Täter eines Diebstahls zum Nachteil einer anderen Person deutlich niedriger aus, als die Strafe für einen Täter, der eine andere Person zur Ausübung sexueller Handlungen gezwungen hat. Hier findet, ohne dass dies explizit an irgendeiner Stelle schriftlich festgehalten wäre, eine Bewertung der Tat in Abhängigkeit zum möglichen Schweregrad der Verletzungen des Opfers statt.

Es ist naheliegend, dass das Diebstahlopfer in der Regel andere Bedürfnisse an die Beratungs- und Betreuungsversorgung hat und andere Anforderungen an die Opferhilfeeinrichtungen stellt, als bspw. das Opfer einer Sexualstraftat.[227] Zwar ist die Schwere des Delikts durch die jeweilige Gesetzesnorm sozusagen eingestuft, die Schwere der Tatfolgen für das Opfer ist jedoch individuell verschieden. Dieser Umstand ist im Umgang mit den unterschiedlichen Opfertypen von dem im Erstkontakt stehenden Polizeibeamten ebenfalls zu berücksichtigen.

> **Beispiel:** Einer Frau wird ihr E-Bike gestohlen. Da sie kein Auto besitzt und mit dem Rad zur Arbeit fährt, benötigt die Dame einen schnellen Ersatz des Rades. Sie verfügt über eine Diebstahlversicherung, daher ist ihr eine zügige und effiziente Abwicklung bei der Polizei wichtig, da sie mit den Unterlagen zur Strafanzeigenerstattung den Verlust bei der Versicherung geltend machen und zeitnah ein neues Rad erwerben kann. Die Vernehmungsumgebung oder eine besonders einfühlsame Behandlung auf der Polizeiwache, sind der Dame hingegen weniger wichtig.
>
> Anders verhält es sich bspw. bei einem Opfer eines Sexualverbrechens. Für solche Opfer stehen ein einfühlsamer Umgang und eine angenehme Vernehmungsatmosphäre im Vordergrund. Auch kann hier entscheidend sein, ob es sich bei der vernehmenden Person um eine Frau oder einen Mann handelt.

---

227 Vgl. *Leuschner/Schwanengel* 2015, S. 15.

IV Opferschutz und Opferhilfe

Die nach und nach entstehenden Opferhilfeeinrichtungen haben diesen Umstand der unterschiedlichen Opfertypen längst erkannt. Über die Jahre haben sich daher bundesweit verschiedene Typen opferbezogener Beratungsstellen herausgebildet.[228]

Während sich die allgemeine Opferhilfe um Opfer sowie deren Angehörige und Zeugen aller Deliktarten kümmert, existieren auch zielgruppenspezifische Opferhilfeeinrichtungen, die sich z.b. um Fälle häuslicher Gewalt kümmern. Darüber hinaus gibt es durch die seit einiger Zeit an den Gerichten eingerichteten Zeugenkontakt-/Zeugenberatungsstellen eine besondere Zeugenbetreuung für (Opfer-)Zeugen, die im Rahmen von Straf- und Zivilverfahren unterstützt werden. Aber auch Konzepte der integrierten Opferhilfe unterstützen Opfer in ihrer Verarbeitungs- und Heilungsphase. Diese Konzepte werden umgesetzt in der Arbeit bspw. von Schulsozialarbeitern, Seelsorgern oder Opferschutzbeauftragten der Polizeibehörden sowie ehrenamtlichen Opferhilfen.

Um betroffenen Opfern die Suche nach den teils zielgruppenspezifischen Opferhilfeeinrichtungen in Deutschland zu erleichtern wurde im Auftrag des Bundesministeriums für Arbeit und Soziales im Zusammenhang mit dem Projekt „Atlas der Opferhilfen in Deutschland" eine Datenbank aufgebaut.

Durchgeführt von Mitarbeitern der Kriminologischen Zentralstelle e.V. (KrimZ) und mit Unterstützung des „ado" wurde so die für jeden leicht zugängliche und benutzerfreundliche Online-Datenbank für Betroffene von Straftaten (ODABS) erstellt, die mittlerweile bundesweit mehr als 800 Einrichtungen verzeichnet. Auf der Internetseite www.odabs.org können sich Opfer über die jeweilige Betreuungs- und Hilfemöglichkeit in der jeweiligen Region informieren und Kontakt zu ihr suchen.[229] Die Datenbank leistet damit einen kleinen Beitrag zur Senkung der Hemmschwelle für Hilfesuchende.[230]

---

228 Vgl. *Hartmann*/ado e.V. 2010, S. 12-13.
229 Vgl. KrimZ (online).
230 Vgl. *Leuschner/Schwanengel* 2015, S. 15.

Merke:
„Wissen heißt wissen, wo es geschrieben steht."
An diesem Zitat, welches von keinem geringeren als Albert Einstein stammen soll, sollte sich jeder Polizeibeamte orientieren und die ODABS Datenbank kennen und sich mit ihrer Anwendung und den regional verfügbaren Opferhilfeeinrichtungen vertraut machen.

Ein Hinweis auf eine konkrete Beratungs- und Hilfestelle vor Ort kann für das Opfer eine weitere Hürde, sich Hilfe und Rat zu suchen, auf einfache Weise beseitigen. Die Weitergabe von Adressen und Ansprechpartnern kann dabei unabhängig eines Verweises auf die eigens eingerichteten Opferschutzbeauftragten des jeweiligen Bundeslandes erfolgen und steht damit nicht in Konkurrenz. Vielmehr steht die bestmögliche Versorgung des Opfers mit allen zur Verfügung stehenden Informations- und Beratungsquellen im Vordergrund.

Der Königsweg wäre allerdings, proaktiv das Opfer in der Kontaktaufnahme zu unterstützen und selbst – das Einverständnis des Opfers vorausgesetzt – die Beratungs- oder Hilfestelle anzurufen und einen Termin für das Opfer zu vereinbaren. Auf diese Weise wird dem Opfer die erste Hürde hin zu einer professionellen Hilfe bereits deutlich erleichtert.

2.2 Mindestanforderungen an die Opferhilfeeinrichtungen

Mit der Gründung des „ado" entstand der Gedanke Mindestanforderungen für alle Opferhilfeeinrichtungen zu formulieren um für die professionelle Opferhilfe Qualitätsstandards zu etablieren und diese abzusichern. So wurden durch den „ado" jene Mindestanforderungen an eine qualifizierte Opferunterstützung in einem Thesenpapier formuliert und für alle Mitglieder schriftlich fixiert. Die ausgearbeiteten Opferhilfestandards sind jedoch weder endgültig noch als verbindliche Norm zu verstehen. Vielmehr wurden aus den konkreten Bedürfnissen von Kriminalitätsopfern besondere Anforderungen abgeleitet, die sich bspw. auf die Arbeitsweisen oder räumliche Strukturen der jeweiligen Opferhilfeeinrichtung auswirken.[231] Denn Kriminalitätsopfer haben nach einer Opfererfahrung sowohl im moralischen als auch im gesellschaftspolitischen Sinn einen Anspruch auf eine qualifizierte Beratung und Unterstützung.[232]

---

231 Vgl. *Guntermann* 1995, S. 24-32.
232 Vgl. ado (online), S. 1.

Im Einzelnen wird nachfolgend darauf verzichtet die verschiedenen Standards vollständig aufzuzählen und zu erläutern. Diese können u.a. auf der Homepage des „ado" kostenlos heruntergeladen und nachgelesen werden. Lediglich auf drei Punkte, die im weiteren Verlauf des Handbuchs und der Erarbeitung von Handlungsempfehlungen noch einmal aufgegriffen werden, soll an dieser Stelle kurz eingegangen werden:

1. Hinsichtlich des Standards der **Organisationsform** sollte die Tätigkeit der Opferhilfeeinrichtungen auf der Grundlage der allgemeinen und individuellen Opferbedürfnisse und -interessen basieren und die Belange des Opfers in den Vordergrund stellen. Das bedeutet auch, dass die Beratungsstelle nur dann an staatlichen Gebäuden angegliedert werden darf, wenn dieses den konzeptionellen Inhalten und den Opferbedürfnissen nicht entgegensteht.[233]

2. Bezüglich der **Konzeption** sollte die Gewährung der Unterstützung unabhängig von der Erstattung einer Strafanzeige besondere Beachtung finden. Es sollte nichts ohne das ausdrückliche Einverständnis des Opfers geschehen. Weiterhin sollten Vertraulichkeit zugesichert werden und auf Wunsch des Opfers auch Anonymität gewährleistet werden können.[233]

3. Eine weitere – womöglich sogar die wichtigste – Mindestanforderung steht in den Anforderungen hinsichtlich des **Personals**. Hier sollten zunächst Wahlmöglichkeiten zwischen Mann und Frau gegeben sein. Zudem sollte das Personal über umfassende Kenntnisse der regionalen und sozialen Stellen der Opferhilfe verfügen und mit allen notwendigen Kooperationspartnern eng zusammenarbeiten. Darüber hinaus müssen die ausführenden Personen eine dem Aufgabengebiet entsprechende berufliche Qualifikation aufweisen bzw. entsprechende Weiterbildungs- und Fortbildungsprogramme besucht haben.[233]

2.3 Fort- und Weiterbildungsangebote für externe Stellen

Um eine dauerhaft professionelle Opferhilfe gewährleisten zu können ist es notwendig, bestehende Qualifikationen und Kompetenzen immer wieder aufzufrischen. Ziel ist es dabei auch, einen Perspektiv-

---

[233] Vgl. *Guntermann* 1995, S. 24-32.

wechsel von der eigenen beruflichen Praxis hin zu den Belangen des Opfers zu erreichen. Dies gilt gleichermaßen für Fachkräfte aller beruflichen Sparten als auch für ehrenamtliche Mitarbeiter von Opferhilfeeinrichtungen. Zudem können in interdisziplinären Fort- und Weiterbildungsveranstaltungen Informationen sowie Techniken im angemessenen Umgang mit Opfern vermittelt und Erfahrungen untereinander ausgetauscht werden.[234] Darüber hinaus wächst das gegenseitige Verständnis für die Arbeit des jeweils Anderen und neue Netzwerke können entstehen und wachsen. Vereine wie bspw. der Weisse Ring arbeiten darüber hinaus auch mit dem Mittel der Supervision.[235] Hierbei handelt es sich um eine Form der Beratung, die zur Reflexion des eigenen Handelns, als auch der Verbesserung der Qualität professioneller Arbeit dient.

Auch für die Polizei werden von einigen Opferhilfeeinrichtungen Schulungen angeboten, die u.a. die Verbesserung der Kooperation miteinander zum Ziel haben.[236] Die Schulungen sollen aber auch die Polizeibeamten für die Themen rund um den Opferschutz besonders sensibilisieren. Ob diese Angebote seitens der Polizei angenommen und regelmäßig genutzt werden, kann an dieser Stelle nicht beantwortet werden.

3. Zusammenfassung

Zentrale Aufgabe des Staates ist der **Schutz der Bürger vor Verbrechen**. Mittels der Schaffung und Novellierung von Gesetzen ist in den letzten 30 Jahren ein deutlich verbesserter Opferschutz im Strafverfahren gelungen. Das Opfer wird vom einst passiven Zeugen zum aktiven Verfahrensbeteiligten und erhält durch vielfältige Gesetzesreformen einen Subjektcharakter im Strafverfahren.

Seitens der Polizei wird deutlich gemacht, dass Opferschutz eine Aufgabe aller Polizeibeamter ist und insbesondere die Folgen einer sekundären Viktimisierung zu vermeiden sind. Ein verständnisvoller,

---

234 Vgl. *Hartmann*/ado e.V. 2010, S. 32.
235 Vgl. Weisser Ring 2016, S. 14.
236 Vgl. *Leuschner/Schwanengel* 2015, S. 127.

sensibler und professioneller Umgang mit Opfern trägt hierzu maßgeblich bei.

Neben dem Opferschutz, der alle Maßnahmen im Rahmen des Ermittlungs- und Strafverfahrens einschließt, umfasst die Opferhilfe die Unterstützung von Kriminalitätsopfern vor, während und über das Strafverfahren hinaus. Sie hat zum Ziel den Opfern zu helfen, die Viktimisierung zu verarbeiten und ihre Folgen nach Möglichkeit zu heilen.

Die überwiegend ehrenamtlich geführten Opferhilfeeinrichtungen decken dabei bis heute nicht den in Deutschland benötigten Bedarf. Einrichtungen in Trägerschaft der Justiz sind noch selten und über ihre Angliederung wird immer wieder neu diskutiert. Mit der Schaffung von Traumaambulanzen wurde ein weiterer großer Meilenstein im Bereich der zielgruppenorientierten Opferunterstützung gesetzt. Generell entstehen vermehrt zielgruppenorientierte Opferhilfeeinrichtungen. Die Datenbank ODABS erleichtert Betroffenen wie auch Polizeibeamten die Suche nach einer geeigneten Beratungsstelle. Jeder Polizeibeamte sollte sich hin und wieder mit dem Umgang der Datenbank und den dort regional spezifisch hinterlegten Beratungsstellen vertraut machen.

Die durch den „ado" entwickelten Mindestanforderungen für Opferhilfeeinrichtungen sind zwar noch kein Standard, dienen jedoch dazu eine gleichbleibende Qualität in der Opferunterstützung zu etablieren und abzusichern. Insbesondere müssen Beratungspersonen entsprechende berufliche Qualifikationen aufweisen und regelmäßige Weiterbildungsmaßnahmen besuchen. Dergestalt kann ein Erfahrungs- und Wissensaustausch über alle Berufsstände hinweg gewährleistet werden; es entstehen neue Netzwerke, von denen auch die polizeiliche Arbeit profitiert.

V. Herausforderungen und Handlungsmöglichkeiten

Wenngleich diverse Gesetzesneuerungen und -novellierungen in den vergangenen Jahren dazu beigetragen haben die Rechtsposition der Opfer in Deutschland deutlich zu verbessern und somit auch die Opfer selbst zu stärken[237], so scheinen dem Forschungsfeld der Viktimologie ein dennoch weniger zielgerichtetes Interesse und weniger Ressourcen zuzufallen.[238] Dies verwundert umso mehr, da eine Opferwerdung und die damit verbundenen Folgen nicht nur das Opfer entscheidend beeinflussen, sondern auch die Polizei immer wieder vor Herausforderungen stellen: der Spagat zwischen der Verpflichtung zur Strafverfolgung auf der einen Seite und dem Vermeiden bzw. Verringern weiterer Viktimisierungserfahrungen für das Opfer auf der anderen Seite.

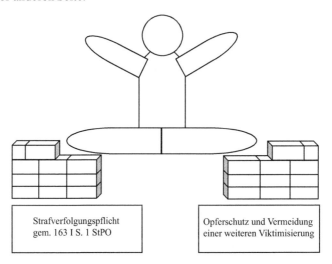

Abbildung 2: Spagat zwischen Strafverfolgungsverpflichtung und Opferschutz

---
237 Vgl. *Herrmann* 2010, S. 236 ff.
238 Vgl. *Leuschner/Schwanengel* 2015, S. 13.

Verdeutlicht man sich darüber hinaus, dass die Polizei, inmitten dieses Spagats, mit einem Menschen befasst ist, dessen vornehmstes Interesse der Wunsch nach Unterstützung, Hilfe, Beratung, Information und Gerechtigkeit ist, so wird deutlich, dass sich daraus verschiedenartige Herausforderungen für die polizeiliche Aufgabenbewältigung ergeben.

Nachfolgend werden einige dieser Herausforderungen genauer betrachtet. Über diese hinaus, können sich weitere Herausforderungen ergeben; insofern erhebt diese Ausarbeitung keinen Anspruch auf Vollständigkeit.

Erläuterung der nachfolgenden Systematik:

Zunächst werden nachfolgend drei Herausforderungen vorgestellt, denen Polizeibeamte im Schutz- und Kriminaldienst im Polizeialltag direkt begegnen können. Im Sinne einer besseren Anschaulichkeit, werden diese Herausforderungen jeweils mit einem fiktiven, aber durchaus realistischen Beispielszenario eingeleitet. In diesen Beispielen werden – bewusst etwas überspitzt – neuralgische Punkte skizziert. An das jeweilige Beispiel schließt sich sogenanntes „Hintergrundwissen" an, das Ausfluss von wissenschaftlichen Erkenntnissen und fachlichen Expertisen ist. Mit Hilfe dieses Hintergrundwissens wird im Anschluss eine Handlungsempfehlung in Bezug auf das eingeleitete Beispiel formuliert. An dieser Stelle soll erwähnt werden, dass es sich bei der jeweiligen Auflösung der Beispielszenarien nicht um die eine Musterlösung handelt. Wie so oft im polizeilichen Alltag hängen viele Lösungen vom Einzelfall ab und es bedarf immer einer individuellen Betrachtung. Gleichwohl können Hintergrundwissen und erste Lösungsideen dazu beitragen, zukünftig einzelfallbezogen eigenständige und opferorientierte Lösungen zu finden, eingefahrene Strukturen zu überdenken und neue Wege zu gehen.

Eine vierte Herausforderung beschäftigt sich mit einem Thema das während der polizeilichen Ausbildung maßgeblich beeinflusst werden kann und mit dem sich jeder einzelne Polizeibeamte konfrontiert sehen kann. Diese Herausforderung spricht insbesondere die Ausbildungsverantwortlichen für den Polizeidienst an.

Die Herausforderungen fünf bis sechs greifen hingegen Problemstellen auf, die eher struktureller Natur sind und daher von Führungskräften und entsprechenden Entscheidungsträgern zu bewältigen sind.

1. Anzeigeverhalten

Wie Sie das Anzeigeverhalten von Opfern beeinflussen (können) und weshalb nicht nur das Opfer die Hilfe der Polizei, sondern auch die Polizei die Mithilfe des Opfers braucht.

> **Beispiel:** Frau A., 64 Jahre, seit 45 Jahren mit ihrem Mann verheiratet, wird von diesem seit Jahrzehnten unterdrückt (ohne strafbare Relevanz). Als Frau A. vor rund 20 Jahren all ihren Mut zusammengenommen hatte und bei der nächsten Polizeistation allgemein um Hilfe gebeten hatte, hatte der diensthabende Beamte sie mit der Bemerkung „in einer Ehe ist es doch normal, dass der Mann die Hosen anhat" bedacht und wieder nach Hause geschickt. Seitdem hat Frau A. sich nicht mehr getraut, nochmals um Hilfe zu bitten und meidet jedweden Kontakt zur Polizei. Am heutigen Tag wurde ihr Mann ihr gegenüber zum ersten Mal handgreiflich. Aufgrund der früheren Erfahrung fürchtet Frau A., dass sie bei der Polizei wieder nicht ernstgenommen werden wird. Sie sucht nicht die Hilfe der Polizei und verzichtet lieber auf die Erstattung einer Strafanzeige um eine erneute Zurückweisung zu vermeiden.

Hintergrundwissen:

Wie bereits erwähnt, wird in den meisten Fällen der Verdacht einer strafbaren Handlung zunächst der Polizei bekannt. Mit Ausnahme der Verkehrsdelikte gründen sich rund 90% aller Strafverfahren auf eine Strafanzeige eines Bürgers.[239] In 95% aller angezeigten Straftaten kommt es nur deshalb zu einer polizeilichen Aufklärung, weil das Opfer die strafbare Handlung überhaupt zur Anzeige bringt und gleichzeitig einen Verdächtigen benennt.[240]

Dieser Umstand verdeutlicht, dass die Polizei in Bezug auf die Aufdeckung und Aufklärung von Straftaten auf die Anzeigenbereitschaft der Opfer angewiesen ist.[241] Insbesondere bei Delikten, die die Privatsphäre der Opfer nicht verlassen, z.B. bei Körperverletzungsdelik-

---
239 Vgl. *Kühne* 2015, S. 215; *Ostendorf* 2018, S. 59.
240 Vgl. *Baurmann* 2003, S. 71.
241 Vgl. *Kury* 2010, S. 57; *Schwind* 2016, S. 430.

ten innerhalb einer Partnerschaft (polizeilich auch als „Häusliche Gewalt" oder auch „Gewalt in engen sozialen Beziehungen" bezeichnet), und somit für die Öffentlichkeit nicht sichtbar werden, ist das Opfer neben dem Täter, oft die einzige Person, die von der Straftat Kenntnis hat.

„Jede dritte Frau in Deutschland ist mindestens einmal in ihrem Leben von physischer und/oder sexualisierter Gewalt betroffen. Etwa jede vierte Frau wird mindestens einmal Opfer körperlicher oder sexueller Gewalt durch ihren aktuellen oder früheren Partner. Betroffen sind Frauen aller sozialen Schichten"[242].

Und trotz teils massiver Folgen schaffen es die Betroffenen häufig nicht den Kreislauf von Demütigung, Versöhnung und Gewalt aus eigener Kraft zu durchbrechen.[243] Die emotionale Bindung zum Täter und die Angst vor missbilligenden Reaktionen des sozialen Umfelds, lassen die Opfer von der Kontaktaufnahme zur Polizei oder anderen Hilfeeinrichtungen absehen. Nicht selten halten auch Ängste vor Stigmatisierungen und Belastungen durch das Strafverfahren (siehe hierzu „sekundäre Viktimisierung"), Opfer – vor allem Opfer von Sexualstraftaten – davon ab, eine Anzeige bei der Polizei zu erstatten.[244] Oft spielen dabei auch Gefühle, wie Scham und Schuld, Demütigung und Hilflosigkeit, Angst und Instabilität, eine große Rolle.[245] Manche Opfer von Straftaten innerhalb der Familie empfinden eine weitere Erduldung der Tat sogar oftmals als das geringere Übel im Vergleich zu einer möglichen sekundären Viktimisierung durch die Strafverfolgungsbehörden.[246] Ein weiterer Grund für das Nichtanzeigen einer Straftat kann darüber hinaus die Furcht vor einer wiederholten Tatbegehung oder vor der Rache des Täters sein, wenn dieser von der Anzeigenerstattung erfährt.[247]

Daraus lässt sich u.a. schließen, dass bei der Bereitschaft, sich in erster Instanz an die Polizei zu wenden, das Vertrauen der Bevölkerung bzw. des Opfers in die Polizei eine maßgebliche Rolle spielt.[248] Denn

---

242 Vgl. BMFSFJ 2020 (online).
243 Vgl. Bundesfrauenvorstand der Gewerkschaft der Polizei 2013, S. 4.
244 Vgl. *Kury* 2010 S. 66; BMI/BMJ 2006, S. 19.
245 Vgl. *Hartmann*/ado e.V. 2010, S. 16.
246 Vgl. *Kiefl/Lamnek* 1986, S. 233.
247 Vgl. *Haupt* u.a. 2003, S. 338; *Priet* 2010, S. 159.
248 Vgl. *Ostendorf* 2018, S. 59.

nach dem Erleben einer Straftat haben Opfer meist das Vertrauen in ihre Umgebung und die Gesellschaft als schützende Instanzen verloren. Jetzt hat der Staat zum einen die Verpflichtung, das Opfer zumindest vor weiteren Verletzungen, die im Rahmen der Strafverfolgung geschehen können, zu schützen – das ist staatlicher Opferschutz.[249] Zum anderen muss der Staat den Opfern, ähnlich wie den Tätern, Hilfestellungen für ihren individuellen Heilungsprozess bieten und sie bei ihrer Wiedereingliederung in das normale Leben unterstützen – dies ist professionelle Opferhilfe. Es muss den Opfern zu verstehen gegeben werden, dass sie nicht noch einmal allein gelassen werden. Die Gewissheit, dass es Behörden gibt, die eine Wiederholung der Tat zu verhindern suchen und sich um die Beseitigung der nachteiligen Folgen für die Verletzten kümmern, kann für die Opfer einen Perspektivwechsel bedeuten.[250]

Bei der Polizei erhofft sich das Opfer zunächst Hilfe und Information zu finden in Bezug auf den Umgang mit dem Geschehen und den Zugang zu verschiedenen Hilfemöglichkeiten; das Opfer vertraut darauf, dass ihm bei der Polizei Hilfe zuteilwird.[251] Das Vertrauen, dass die Bevölkerung in die Polizei setzt, fördert auch die Anzeigebereitschaft; ein unprofessioneller Umgang mit Opfern führt indes unweigerlich zu einem Rückgang dieser und damit zu einem Absinken von Aufklärungs- und Verurteilungsquote.[252]

Handlungsempfehlung:

Stellen Sie sich vor, Sie besuchen ein Restaurant. Die angebotenen Speisen sind durchschnittlich, die Bedienung unfreundlich und missgelaunt. Gegen Ende des Abends erhalten Sie zudem eine fehlerhafte Abrechnung und müssen mit dem Personal darüber diskutieren. Wie wahrscheinlich ist es, dass sie dieses Lokal erneut besuchen?

Genauso verhält es sich letztendlich auch mit dem Anzeigeverhalten von Frau A. Aufgrund ihrer schlechten Erfahrung vor 20 Jahren mit dem einen Polizeibeamten hat sie jegliches Vertrauen in die Institution Polizei verloren. Die Opfererfahrung von Frau A. wird für die Po-

---

249 Vgl. *Baurmann* 2003, S. 71-72.
250 Vgl. *Frese* 2008, S. 35-36.
251 Vgl. *Priet* 2010, S. 161.
252 Vgl. *Baurmann* 2003, S. 71-72.

lizei vermutlich für immer im Dunkelfeld bleiben – ihr kann ohne Ihre Mithilfe, Ihr aktives Dazutun, nicht (mehr) geholfen werden.

Ihre Aufgabe bei zukünftigen Begegnungen, wie bspw. der mit Frau A., ist es, dem Wunsch des Bürgers/des Opfers nach Hilfe und Information nachzukommen. Hören Sie hin, hören Sie zu, handeln Sie! Selbst wenn es sich bei den Schilderungen um keine nach dem aktuellen Gesetz strafbare Handlung handelt, seien Sie empathisch und zeigen Sie, dass Sie auch hier bereits helfen können und wollen. Nutzen Sie bspw. ODABS oder VIKTIM[253], machen Sie sich im Vorfeld bereits mit regionalen Opferhilfestellen vertraut, nehmen Sie Kontakt zu dem Opferschutzbeauftragten ihrer Dienststelle auf und informieren Sie den Bürger über den Ablauf eines möglichen Ermittlungsverfahrens. Verdeutlichen Sie ihrem Gegenüber, dass Sie die Schilderungen ernst nehmen und Sie alle Möglichkeiten ausschöpfen, um im Rahmen Ihrer Möglichkeiten Hilfe zu leisten.

Auf diese Weise tun Sie alles in Ihrer Macht stehende, um das Vertrauen des Bürgers in die Polizei zu erhalten und tragen so automatisch zu einer Förderung der Anzeigebereitschaft (auch in Hinblick auf andere Opfererfahrungen) und gleichzeitig einer Steigerung der Aufklärungs- und Verurteilungsquote bei. Sie können nie wissen, was sich vielleicht noch im Dunkeln verbirgt und nur durch geschaffenes Vertrauen schließlich offenbart wird! Machen Sie sich bewusst, dass die Art und Weise, wie Sie dem Bürger/Opfer gegenübertreten, weitreichende Auswirkungen auf dessen weiteres Verhalten haben kann.

2. Informationsdefizite

Wie Sie Informationsdefizite auf Seiten der Opfer beheben können und Opfer als wichtiges Subjekt im Strafverfahren behandeln.

---

253 Bei „Viktim" handelt es sich um ein Opferschutzprogramm, welches von der zentralen Geschäftsstelle des Programms Polizeiliche Kriminalprävention der Länder und des Bundes (ProPK) im Extrapol der Polizeien der Länder (www.viktim.extrapol.de/viktim) eingerichtet wurde. Das Programm bietet allen Polizeibeamten umfangreiche Informationen rund um die Themen „Opferschutz und Opferhilfe".

> **Beispiel:** Herr B., 65 Jahre, lebt seit 2 Jahren von seiner Ehefrau getrennt. Die letzten Ehejahre, sowie die beiden Trennungsjahre, lebte Herr B. in ständigem Disput mit seiner Ehefrau. Diverse kleinere Sachbeschädigungen am Haus von Herrn B. und immer wieder ausgesprochene Beleidigungen ihm gegenüber hatte er bislang hingenommen. Als Herr B. am gestrigen Abend, gemeinsam mit seiner neuen Lebensgefährtin, die örtliche Kneipe zu Fuß verließ und den nahegelegenen Fußgängerüberweg überqueren wollte, kam ein PKW angefahren. Herr B. und seine Lebensgefährtin konnten sich nur noch mittels eines beherzten Sprungs zur Seite davor bewahren, angefahren zu werden. Der PKW hielt wenige Meter danach an und die Ehefrau des Herrn B. stieg aus, brüllte böse Worte in Richtung des Herrn B. und fuhr davon.
>
> Am nächsten Tag entscheidet sich Herr B. zur nächsten Polizeiwache zu fahren, er möchte in Erfahrung bringen, was er ganz allgemein tun kann, um sich in Zukunft vor seiner Frau zu schützen. Anzeigen möchte er seine Frau wegen des gestrigen Vorfalls hingegen nicht. Er fürchtet sich vor weiteren Tyranneien seitens seiner Frau und ihm liegt nicht daran, ihr Schaden zuzufügen, auch wenn sie ihn hätte schwer verletzen können. Als Herr B. bei der örtlich zuständigen Polizeistation erscheint, bittet er um ein Gespräch mit einem Polizeibeamten und gibt dabei an: „Ich habe Probleme mit meiner Ehefrau, sie tyrannisiert mich". Herrn B. ist nicht klar, dass bei detaillierterer Schilderung des Vorfalls aus der vergangenen Nacht, die Polizei aufgrund des Legalitätsprinzips dazu verpflichtet ist, eine Strafanzeige aufzunehmen.

Hintergrundwissen:

Auch wenn das Vertrauen der Bevölkerung in die Polizei im Allgemeinen hoch ist, so darf nicht missachtet werden, dass Opfer meist nur marginale Kenntnisse über die Voraussetzungen für ein Strafverfahren und über den Verlauf eines solchen haben. Nur selten ist es Opfern bewusst, dass insbesondere die sogenannten Offizialdelikte, ungeachtet eines diesbezüglichen Willens des Opfers, verfolgt werden (müssen).[254]

> **Nachgeschlagen:**
> **Offizialdelikte** sind solche Delikte, die – im Gegensatz zu den Antragsdelikten – von Amts wegen verfolgt werden. (s. hierzu §§ 152 II, 160 Absatz 1, 163 I StPO). Hierunter fallen alle Verbrechen und die meisten Vergehen. In der Regel sind alle Straftaten Offizialdelikte, es sei denn, ein Straftatbe-

---

254 Vgl. *Stang/Sachsse* 2009, S. 122 ff.

stand verlangt ausdrücklich einen Strafantrag als Verfolgungsvoraussetzung (> Antragsdelikte).

Bei den sogenannten **Antragsdelikten** wird zwischen zwei Arten unterschieden: den sogenannten absoluten oder echten Antragsdelikten und den relativen oder auch unechten Antragsdelikten. Während das absolute Antragsdelikt tatsächlich nur bei Vorliegen eines Strafantrags seitens des Opfers verfolgt werden kann (s. z.B. § 123 StGB oder § 185 StGB), ist bei relativen Antragsdelikten ausnahmsweise der Strafantrag dann nicht erforderlich ist, wenn die Staatsanwaltschaft die Anklage wegen des besonderen öffentlichen Interesses für geboten hält (s. z.B. §§ 223 bzw. 229 StGB, oder § 303 StGB).

Beachte:
Liegt ein reines Antragsdelikt vor, hat der Berechtigte (in der Regel das Opfer) drei Monate Zeit – ab dem Zeitpunkt, in dem er persönlich Kenntnis von der Tat und dem Täter hat – den Strafantrag zu stellen. Anderenfalls ist eine Strafverfolgung nicht mehr möglich.

Nur Wenige erkundigen sich bereits vor Aufsuchen der Polizeidienststelle bei einer anderweitigen Beratungsstelle über den Ablauf einer Anzeigenerstattung sowie über Betreuungs- und Beratungsmöglichkeiten vor, während und nach einem Strafverfahren. Diesbezüglich besteht häufig ein Informationsdefizit, was dazu führen kann, dass, entgegen dem Willen des Opfers, – welches zunächst einmal nur allgemein beraten werden wollte – durch die Polizei eine Anzeige aufgenommen wird. Dem Opfer wird damit die Entscheidung, das private Geschehen nicht sofort aus der Hand zu geben, kompromisslos genommen. Dies wiederum kann sich negativ auf das Opfer auswirken und ggf. auch zu einer sekundären Viktimisierung führen.

Bleiben die Umstände eines bestehenden Informationsdefizites – Gefühle von u.a. Scham und Angst, besondere emotionale Bindungen bei Tätern aus dem Nahbereich sowie Furcht vor der Rache des Täters – von den Strafverfolgungsbehörden unbeachtet, so kann dies Raum für eine fortwährende Viktimisierung geben. Hieraus können sich in der Folge eine Instabilität des Opfers im Strafprozess, ein Vertrauensverlust gegenüber dem gesamten Justizapparat sowie auch ein negatives Anzeigeverhalten bei erneuter Opferwerdung ergeben. Dann verbleiben die von diesen Opfern neu erlebten Taten in der Zukunft im Dunkelfeld.

Aus Sicht einer erfolgreichen Kriminalpolitik und einer effizienten Strafverfolgung muss es jedoch im Interesse aller daran teilhabender Akteure – insbesondere der Polizei – liegen, das Opfer zu schützen und zu versuchen, das angesprochene Dunkelfeld aufzuhellen und Straftäter für ihre Handlungen zu bestrafen. Dies kann gefördert werden, indem Opfer darin bestärkt werden, dass sie mit einem Anzeigevorhaben nicht nur die Ermittlungstätigkeit der Polizei maßgeblich unterstützen, sondern auch nach ihrem Vorhaben jedwede Unterstützung erhalten, die sie benötigen.

Wenn sich ein Opfer daher entschließt, die Polizei um Rat und Hilfe zu ersuchen, so sollte sich dieser Schritt für das Opfer „richtig anfühlen". Dann darf das Opfer nicht nur funktionalisiert und ausschließlich als Zeuge für die Durchsetzung des Strafanspruchs im Strafverfahren angesehen werden, sondern muss als Subjekt im Strafverfahren wahrgenommen werden, dessen Interessen vom aufnehmenden Polizeibeamten verstanden und berücksichtigt werden. Denn nur ein stabiles Opfer ist ein für das weitere Verfahren stabiler Zeuge, der zur juristischen Klärung eines Sachverhalts beitragen kann. „Mit ihren Aussagen steht und fällt alles"[255]. Nur durch die Mithilfe von Opferzeugen kann der Beweis gegen den Täter geführt werden, der eine Verurteilung durch das Gericht wahrscheinlich macht.[256] Ein mit der Situation überfordertes Opfer kann im Fortgang des Verfahrens Gefahr laufen „einzuknicken" und zum Eigenschutz die bisher getätigten Aussagen widerrufen.[257] Hierdurch bezichtigt sich das Opfer im schlimmsten Fall selbst der Falschaussage und muss ggf. auch die abschließenden Kosten des Verfahrens tragen – eine anhaltende bzw. erneute Viktimisierung ist hier unabwendbar.

Daher bedürfen Opfer – gleich welcher Deliktsgruppe – der Hilfe, dem Schutz und der Beratung durch professionell agierende und dafür besonders ausgebildete Personen. Insbesondere die Beratungskomponente stellt diesbezüglich eine Schlüsselfunktion dar. Denn eine gute Beratung und die Vorbereitung auf das folgende Strafverfahren tragen dazu bei, die Opfer auf die nachfolgende Zeit vorzubereiten, sie für das Verfahren zu stabilisieren und ihnen somit die Mög-

---
255 *Fastie* 2017, S. 17.
256 Vgl. *Fröhlich-Weber* 2017, S. 88.
257 Vgl. *Stang/Sachsse* 2009, S. 122 ff.

lichkeit zu geben, mit der Tat ein wenig abschließen zu können. Das auf diese Weise gestärkte und stabilisierte Opfer wird eher bereit sein die Strapazen einer Strafverfolgung zu erdulden. So kann nicht nur dem möglicherweise bestehenden Wunsch nach Täterbestrafung nachgekommen werden, sondern im Rahmen einer positiven Generalprävention wird sowohl das Vertrauen der Allgemeinheit als auch das des Opfers in die Gültigkeit der Rechtsnormen gestärkt. Auf diese Weise agiert die Polizei als Vermittler „[...] zwischen den Bedürfnissen des Einzelnen und den Gemeinwohl-Interessen von Gesellschaft und Staat"[258].

Handlungsempfehlung:

Knapp und präzise formuliert sucht Herr B. eine rechtliche und psychologische Beratung dahingehend, wie er in Zukunft seiner Ehefrau begegnen und weiteren Anfeindungen aus dem Weg gehen kann, ohne sie strafrechtlich für ihre bisherigen Handlungen zu belangen. Die Polizei ist jedoch weder eine rechtliche Beratungsstelle (und darf dies auch gar nicht sein), noch sind Polizeibeamte studierte Psychologen oder ausgebildete Therapeuten – viele Hilfesuchende wissen dies jedoch schlichtweg nicht oder übersehen dies in ihrer Not sehr häufig.

Merke:
Die Arbeit der Polizei endet immer dort, wo medizinische, psychologische, therapeutische oder juristische Hilfe erforderlich ist.

Im Fall von Herrn B. kann der Umstand eines bestehenden Informationsdefizits dazu führen, dass er sich mit einer Strafanzeigenerstattung konfrontiert sieht, die er so (zumindest zum jetzigen Zeitpunkt) nicht beabsichtigt hat.

Im vorliegenden Szenario gibt Herr B. bereits bei seiner Anfrage einen ersten Hinweis darauf, dass sich bei einer tiefergehenden Schilderung des Sachverhalts ggf. eine strafrechtliche Sachlage ergeben kann. Daher ist es ratsam, schon vor der ersten eingehenden Gesprächsführung sein Gegenüber in einfachen Worten darauf hinzuweisen, dass bei Schilderungen von Straftaten (z.B. eines gefährlichen Eingriffs in den Straßenverkehr) zwangsläufig eine Strafanzeige

---

258 *Voß* 2001(b), S. 160.

durch die Beamten aufzunehmen ist. An der Reaktion des Gegenübers ist dann oft schon zu erkennen, dass sich der Sachverhalt in die eine oder andere Richtung bewegen könnte.

> **Merke:**
> Von sogenannten „hypothetischen Schilderungen", um zu erfahren ob es sich um ein Antrags- oder ein Offizialdelikt handelt, ist dringend abzuraten!
>
> Eine solche Vorgehensweise ist unprofessionell und kann in einem späteren Verfahren zu diversen Problemen führen.

Es bietet sich an, Ihr Gegenüber zunächst kurz darüber aufzuklären, wozu Sie als Polizeibeamter verpflichtet sind. Machen Sie Ihrem Gegenüber deutlich, wie ein Strafverfahren abläuft und was eine Strafanzeigenerstattung ggf. für Konsequenzen, aber auch Möglichkeiten haben kann. Hier bedarf es jedoch keinerlei komplizierter Darstellungen, einfache Erläuterungen reichen den meisten Opfern oft vollkommen aus.

Sollte sich Ihr Gegenüber nach Ihrer Erläuterung dazu entschließen das Gespräch zunächst nicht weiter mit Ihnen zu führen, so lassen Sie diesen Umstand keinesfalls unkommentiert. Machen Sie in jedem Fall deutlich, dass Sie und Ihre Kollegen gerne helfen möchten und dazu 24 Stunden, 7 Tage die Woche zur Verfügung stehen. Das Opfer darf unter keinen Umständen den Eindruck gewinnen, abgewimmelt zu werden oder dass man sich keine Zeit für seine Probleme nimmt. Fragen Sie, ob ggf. eine Rechtschutzversicherung besteht, bei der in der Regel kostenlose Erstberatungen möglich sind oder verweisen Sie den Bürger z.B. an die örtliche Stelle des Weißen Ring. Hier können Opfer bspw. Hilfeschecks für eine für das Opfer jeweils kostenlose frei wählbare anwaltliche bzw. psychotraumatologische Erstberatung sowie für eine rechtsmedizinische Untersuchung erhalten.[259] Viele Opfer denken im ersten Moment allerdings nicht an solche Möglichkeiten oder haben darüber überhaupt keine Kenntnis.

Nutzen Sie ODABS oder VIKTIM und händigen Sie ihrem Gegenüber (falls möglich) eine Liste potentieller Hilfestellen direkt aus, oder schreiben Sie ihm die Webadresse auf, damit sich das Opfer in

---
259 Vgl. Weisser Ring e.V. 2014 (online).

Ruhe selbständig nach speziellen Hilfekontakten umsehen kann. Händigen Sie vorhandene Flyer aus, auf denen Hilfetelefone oder andere Kontakte von Beratungsstellen notiert sind (dafür sollten Sie diese auf Ihrer Dienststelle natürlich in aktueller Fassung bereitliegen haben!). Lassen Sie das Opfer auf keinen Fall ohne Hilfsangebot und -material wieder nach Hause gehen! Sprechen Sie ggf. auch ab, ob das Opfer mit der Weitergabe seiner telefonischen Erreichbarkeit an den örtlich zuständigen Opferschutzbeauftragten einverstanden ist. Den Hilfe suchenden Menschen Informationsmöglichkeiten an die Hand zu geben, erfordert nur wenige Minuten ihrer Zeit; für das Opfer aber kann dies elementar wichtig sein, da es eine weitere Viktimisierung (z.B. durch das „zwangsweise" Erfassen der Strafanzeige) verhindert.

3. Strafvereitelung im Amt

Wie Sie die Erfüllung des Tatbestands der Strafvereitelung im Amt verhindern und dennoch den Opferbelangen gerecht werden.

> **Beispiel:** Frau E., 47 Jahre, lebt seit vier Jahren mit ihrem Lebensgefährten zusammen. Ihr Lebensgefährte leidet phasenweise unter cholerischen Wutanfällen. Oft demütigt er Frau E. verbal, und hin und wieder schlägt er auch mal zu. Schließlich, nach dieser Zeit der Gewalt, Angst und Demütigung, möchte Frau E. heute Hilfe bei der Polizei suchen – bislang hielten sie Schamgefühle und die Angst vor weiteren Gewaltausbrüchen seitens ihres Lebensgefährten davon ab. Zunächst möchte Frau E. erfahren, wo und von wem genau sie welche Hilfe erwarten kann und was mit ihrem Lebensgefährten, dem sie sich trotz allem verbunden fühlt, passieren wird.
>
> Frau E. erscheint an einem Samstagabend – ihr Lebensgefährte ist mit Freunden unterwegs – auf der nächsten Polizeiwache. In der Schleuse/an der Pforte gibt sie an, dass sie „ein Problem" habe und gerne mit einem Polizeibeamten sprechen möchte. Mit ihr in der Schleuse warten zwei weitere Bürger.
>
> Ein Polizeibeamter nimmt sich der Dame an. Danach befragt, wie man ihr helfen könne, gibt Frau E. nach einigem Zögern an, dass sie sich gerne erkundigen wolle, was sie tun könne, wenn sie von ihrem Lebensgefährten seelisch misshandelt und hin und wieder auch geschlagen werde.
>
> Aufgrund dieser Äußerung belehrt der Beamte sie als Zeugin in einem Strafverfahren und erläutert Frau E., dass er aufgrund ihrer Äußerung zur Strafverfolgung verpflichtet ist und eine Strafanzeige aufnehmen muss.

> Frau E. fühlt sich überrumpelt, ist verzweifelt und hat Angst, wie ihr Lebensgefährte auf die Anzeige reagieren wird. Frau E.: „Hätte ich das gewusst, wäre ich niemals hierhergekommen. Alles was ich zunächst wollte, war zu erfahren, wo ich Hilfe bekommen kann".

Hintergrundwissen:

In manchen Fällen ist der Beginn eines Strafverfahrens mit dem „[...] Abnehmen des Deckels von einem Dampfdrucktopf"[260] zu vergleichen. Dinge, die bislang verdrängt und beiseite gekehrt worden waren, gelangen durch das Gespräch mit der Polizei wieder an die Oberfläche und werden frei ausgesprochen. Das bedeutet, dass selbst ein Opfer, welches von einem Polizeibeamten zuvor über dessen Strafverfolgungsverpflichtung aufgeklärt wurde, im Laufe eines Beratungsgesprächs ggf. unkontrolliert Fakten ausspricht, die eindeutig strafrechtlichen Inhalt aufweisen.

Mit diesen Fakten konfrontiert, steht der aufnehmende Polizeibeamte vor einem Problem: das Opfer möchte Hilfe, Rat und Information über mögliche Unterstützungsangebote und den Fortgang eines Strafverfahrens und möchte dennoch (zumindest zunächst) keine Anzeige erstatten. Allerdings, aufgrund der bereits geäußerten Fakten mit strafrechtlichem Inhalt, ist der Beamte gem. § 163 I S.1 StPO dazu verpflichtet die Anzeige aufzunehmen und der Staatsanwaltschaft (unverzüglich) vorzulegen. Eine Ermessensentscheidung zu Gunsten der Bedürfnisse und Wünsche des Opfers obliegt dem Polizeibeamten zu keiner Zeit. Lediglich beim Vorliegen eines sogenannten absoluten Antragsdeliktes, welches nur auf Antrag des Verletzten verfolgt wird, besteht die Möglichkeit seitens des Opfers, sein Begehren oder auch Nichtbegehren auf Strafverfolgung der Staatsanwaltschaft schriftlich mitzuteilen.[261] Auf diese Weise kann eine Einstellung des Verfahrens durch die Staatsanwaltschaft erwirkt werden. Mit dem Strafantrag erhält das Opfer folglich eine begrenzte Befugnis, selbständig über den Fortgang eines Ermittlungsverfahrens mitzuentscheiden.[262] Dennoch muss die Polizei die Anzeige zunächst fertigen und der Staatsanwaltschaft, als „Herrin des Ermittlungsverfahrens", zur weiteren Entscheidung vorlegen.

---

260 *Fastie* 2017, S. 17.
261 Vgl. *Kindhäuser/Schumann* 2019, S. 42.
262 Vgl. *Fröhlich-Weber* 2017, S. 94.

Aber spätestens dann, wenn es sich bei dem geschilderten Sachverhalt um ein relatives Antragsdelikt – d.h. die Staatsanwaltschaft setzt sich über das Fehlen des Strafantrags hinweg und bejaht öffentliches Interesse – oder gar um ein Offizialdelikt handelt, liegt es nicht mehr in der Hand des Opfers, über den Fortgang des Verfahrens selbständig zu entscheiden. Die Staatsanwaltschaft führt die Ermittlungen, unabhängig vom Willen des Opfers. Lediglich das Berufen auf ein dem Opfer ggf. zustehendes Zeugnisverweigerungsrecht (§§ 52 ff StPO) kann für das Opfer eine letzte Möglichkeit darstellen, sich dem weiteren Einbringen ins Verfahren zu entziehen.[263] Auf diese, an das Vorliegen der Voraussetzungen der §§ 52 ff StPO gebundene Möglichkeit, soll allerdings nicht weiter eingegangen werden, da diese nicht in jedem Fall besteht. Für die große Mehrheit der Opfer kommt dieser Weg nicht in Frage.

Zusammengefasst bedeutet das, dass dem Opfer selbst nur ein minimales Mitspracherecht beim Umgang mit den zu seinen Lasten gehenden Taten zugestanden wird. Lediglich bei absoluten Antragsdelikten, wie bspw. der Beleidigung nach § 185 StGB, kann das Opfer über die Strafverfolgungsvoraussetzung Strafantrag seinen eigenen Wünschen Ausdruck verleihen. Dieses Reglement des Strafverfahrens stößt bei vielen Opfern auf Unverständnis, denn sie möchten selbständig über den Fortgang des Verfahrens entscheiden und darüber bestimmen können, ob und wann gegen den Täter Ermittlungen geführt werden.[264] Dieser Wunsch ist, aus Sicht der Opfer, nachzuvollziehen. Dessen Berücksichtigung durch die Polizei stellt jedoch für den aufnehmenden Polizeibeamten einen Verstoß gem. § 258a I StGB dar, wenn dieser seiner Strafverfolgungsverpflichtung nicht nachkommt.[265]

Bei der Strafvereitelung im Amt handelt es sich um einen sogenannten Vergehenstatbestand. Das Strafmaß des § 258a I StGB liegt bei sechs Monaten bis zu fünf Jahren Freiheitsstrafe, in minderschweren Fällen bei bis zu drei Jahren Freiheitsstrafe oder Geldstrafe. Der Versuch der Strafvereitelung im Amt gem. § 258a II StGB ebenfalls strafbar.

---

263 Vgl. *Stahlmann-Liebelt* 2017, S. 152.
264 Vgl. *Hubig* 2017, S. 67.
265 Vgl. *Behr* 2008, S. 202.

> **Nachgeschlagen:**
> **§ 258a StGB – Strafvereitelung im Amt**
>
> (1) Ist in den Fällen des § 258 Abs. 1 der Täter als Amtsträger zur Mitwirkung bei dem Strafverfahren oder dem Verfahren zur Anordnung der Maßnahme (§ 11 Abs. 1 Nr. 8) oder ist er in den Fällen des § 258 Abs. 2 als Amtsträger zur Mitwirkung bei der Vollstreckung der Strafe oder Maßnahme berufen, so ist die Strafe Freiheitsstrafe von sechs Monaten bis zu fünf Jahren, in minder schweren Fällen Freiheitsstrafe bis zu drei Jahren oder Geldstrafe.
>
> (2) Der Versuch ist strafbar.
>
> (3) § 258 Abs. 3 und 6 ist nicht anzuwenden.

Zur Verwirklichung des objektiven Tatbestandes bedarf es einer Vereitelungshandlung. Diese Vereitelungshandlung liegt in jedem Tun, das die Bestrafung eines Täters verhindert, seine Verfolgung erschwert, seine Verteidigung erleichtert oder die Verurteilung unmöglich macht, erschwert oder verzögert. Eine Tathandlung kann u.a. darin liegen, keine Anzeige aufzunehmen, obwohl es sich um eine anzeigepflichtige Straftat handelt und ein Anfangsverdacht eindeutig begründet werden kann.[266] Auch der Verzicht, die erforderlichen und zulässigen Strafverfolgungsmaßnahmen durchzuführen, kann eine Tathandlung darstellen. Darüber hinaus kommen auch noch weitere Handlungen, ebenso wie das Unterlassen als Tathandlung in Betracht. Anzumerken ist, dass der Tatbestand des § 258a I StGB Absicht oder dolus directus 2. Grades (Wissentlichkeit) voraussetzt. Ein bedingter Vorsatz reicht zur Verwirklichung des subjektiven Tatbestandes nicht aus. Neben den strafrechtlichen Konsequenzen können für den Polizeibeamten zusätzlich noch disziplinarrechtliche Konsequenzen und beamtenrechtliche Folgen entstehen: z.B. Suspendierung vom Dienst, Verlust der Beamtenrechte, Aussetzung im Beförderungsgeschehen, Aberkennung des Ruhegehalts oder auch Enthebung von einer Führungsaufgabe.

Hier wird schnell deutlich, dass es sich keinesfalls um eine leichte Entscheidung handelt, wenn sich ein Polizeibeamter mit einem Sachverhalt, wie dem zuvor geschilderten, konfrontiert sieht. Jede Entschei-

---
266 Vgl. *Ackermann/Clages/Roll* 2019, S. 78.

dung führt unweigerlich zumindest zu der Gefahr für nachhaltige Folgen für beide der beteiligten Parteien (Polizeibeamter und Bürger). Auf der einen Seite steht ein bereits verletztes und ggf. traumatisiertes Opfer, das Gefahr läuft, ein weiteres Mal verletzt zu werden, wenn die Strafverfolgung realisiert wird. Auf der anderen Seite riskiert der Polizeibeamte nicht nur seine polizeiliche Karriere, sondern büßt ggf. sein Einkommen und seine gesamte berufliche Existenz ein um das Opfer zu schützen und wird damit zum Opfer seines eigenen gutgemeinten Tuns.

Handlungsempfehlung:

Nach der Schilderung von Frau E. gibt es für den Polizeibeamten keinerlei Möglichkeit mehr, die Dame zunächst einmal an eine Opferhilfestelle zu verweisen, an die sie sich wenden kann, bis sie bereit ist, den Schritt zur Erstattung einer Strafanzeige zu gehen. Die sofortige Aufnahme der Strafanzeige durch den Polizeibeamten ist unumgänglich.

> **Merke:**
> Lassen Sie sich in keinem Fall dazu hinreißen – egal wie verzweifelt, wütend oder verängstigt Ihr Gegenüber ist –, Ihrer Strafverfolgungsverpflichtung nicht nachzukommen! Versuchen Sie, Ihrem Gegenüber ruhig und verständnisvoll zu erklären, warum Sie welche Maßnahmen treffen müssen, und zeigen Sie gleichzeitig Hilfsmöglichkeiten auf. Nehmen Sie sich Zeit und unterstützen Sie das Opfer, wenn gewünscht, aktiv bei der Kontaktaufnahme zu einer ortsansässigen oder -nahen Beratungs- oder Hilfestelle.

Im besten Falle können Sie eine Situation, wie diese aus Szenario 3, bereits im Vorfeld verhindern. Denn, so einfach es klingt: Bevor Sie überhaupt das Gespräch mit einem Bürger beginnen, machen Sie Ihrem Gegenüber klar, dass Sie an gewisse Gesetzmäßigkeiten gebunden sind. Zugegebener Maßen ist das nicht immer praktikabel, denn auch nicht jeder Bürger, der das Gespräch bei der Polizei sucht, trägt ein strafrechtlich relevantes Anliegen vor. Aber im Zweifel können auf diese Weise unangenehme Situationen für beide Seiten vermieden werden.

Nutzen Sie zur Erläuterung des Legalitätsprinzips eine einfache Sprache, verzichten Sie auf das Zitieren von Paragraphen und komplizierte juristische Begriffe. Machen Sie Ihrem Gegenüber aber in jedem

Fall deutlich, dass Sie verschiedene Möglichkeiten haben ihnen Hilfe zukommen zu lassen. Auf keinen Fall darf der Bürger das Gefühl bekommen, dass Sie ihn „abwimmeln" wollen.

Informieren Sie Ihr Gegenüber, so gut es geht, über mögliche Verfahrensweisen, Abläufe und ggf. notwendig werdende Ermittlungstätigkeiten, ohne dabei zu sehr ins Detail zu gehen oder in Ihren Beschreibungen auszuufern. Bestärken Sie das Opfer darin, dass der Weg zur Polizei ein richtiger und guter Weg ist! Im besten Fall können Sie allgemeine Hilfeinformationen in Form von Flyern oder Internetadressen (s. ODABS) weitergeben, mittels derer sich der Bürger zunächst selbständig tiefergehend informieren kann. Machen Sie auch deutlich, dass die Polizei rund um die Uhr erreichbar ist um eine Anzeige entgegenzunehmen, wenn sich der Bürger dazu entschließen sollte.

Im Idealfall können Sie den Hilfe suchenden Bürger auch davon überzeugen, dass der örtlich zuständige Opferschutzbeauftragte der Polizei sich telefonisch bei ihm melden darf, um weitere Hilfsmöglichkeiten zu besprechen. Auf diese Weise stellen Sie auch sicher, dass sich das Opfer nicht abgewiesen fühlt und eine professionell ausgebildete Person sich seiner annimmt. Dieser Weg ist aber natürlich nur dann zielführend, wenn der Opferschutzbeauftragte nicht ebenfalls dem Legalitätsprinzip unterliegt. Hierzu wird auf die nachfolgende Herausforderung unter Kapitel V.6 verwiesen.

4. Selbstverständnis der Polizei/„Cop Culture"

Wie bereits in der polizeilichen Ausbildung das Selbstverständnis/die „Cop Culture" mit Blick auf das Thema polizeilicher Opferschutz positiv geprägt und beeinflusst werden kann.

> **Beispiel:** Der gerade 21-jährige Polizeikommissar S. ist seit 4 Wochen zum Polizeibeamten ernannt. Gerade absolviert er seine ersten Wochen bei der örtlichen Schutzpolizei. Ihm ist ein seit 35 Jahren im Polizeidienst befindlicher Kollege als „Bärenführer" zur Seite gestellt. Von ihm konnte er in den letzten Wochen bereits einiges lernen und abschauen. Am heutigen Abend erscheint eine junge Frau auf der Dienststelle und spricht bei Polizeikommissar S. vor. Sie schildert, dass Sie ein Problem mit ihrem Mann habe. Dabei hält sie sich eine bandagierte Hand. Kommissar S. ahnt, dass es sich bei dem Sachverhalt möglicherweise um eine Situation von häuslicher Gewalt

> handeln könnte und hakt nach. Die junge Frau betont mehrfach, dass sie ihrem Mann nichts Böses wolle, ihn auch nicht verlassen wolle, aber eben mit der aktuellen Situation auch nicht zufrieden sei und „Hilfe brauche".
>
> Polizeikommissar S. kann kaum glauben was er da hört; Personen, wie der Mann des Opfers, gehören bestraft. Für ihn steht fest, dass er den Sachverhalt genauer erforschen und den Täter seiner gerechten Strafe zuführen möchte. Für die Einstellung der jungen Frau gegenüber ihrem Mann hat Polizeikommissar S. kein Verständnis.
>
> Nachdem Polizeikommissar S. immer wieder nachhakt, berichtet die junge Frau schließlich, dass sie hin und wieder von ihrem Mann geschlagen wird, wenn dieser betrunken aus der Kneipe nach Hause kommt. Polizeikommissar S. fertigt daraufhin eine entsprechende Strafanzeige und vernimmt die junge Frau zu den Taten. Währenddessen äußert er immer wieder sein Unverständnis darüber, dass die junge Frau trotz allem zu ihrem Partner zurückkehren möchte. Im Anschluss händigt Polizeikommissar S. der jungen Frau eine Anzeigenbestätigung sowie das „Merkblatt für Opfer einer Straftat"[267] aus; eine weitere Erklärung oder Erläuterung dazu unterbleibt jedoch.
>
> Im Anschluss wird Polizeikommissar S. von seinem „Bärenführer" für sein kriminalistisches Gespür und die Hartnäckigkeit, mit der er die junge Frau zum Reden gebracht hat, gelobt. Polizeikommissar S. ist mit sich zufrieden; er hat dazu beigetragen, einen Straftäter seiner gerechten Strafe zuzuführen.
>
> Einige Wochen später ist sich die junge Frau ihrer Sache nicht mehr sicher und macht vor Gericht von ihrem Zeugnisverweigerungsrecht Gebrauch; den Weg zur Polizei bereut sie mittlerweile.

Hintergrundwissen:

In einer quantitativen Befragung sämtlicher Einrichtungen in Deutschland, die nach ihrem Selbstverständnis ihren Arbeitsschwerpunkt auf die Betreuung und Unterstützung von Kriminalitätsopfern haben, wurde mit 89,7% die Polizei als wichtigster Kooperationspartner genannt.[268] Dennoch ergaben sich laut dieser Studienergebnisse zwischen Opferhilfeeinrichtungen und der Polizei Unterschiede, die auf die verschiedenen Aufgaben der Institutionen zurückzuführen sind. Differenzen ergaben sich z.B. hinsichtlich der Einstellung zur

---

267 Merkblatt für Opfer einer Straftat, herausgegeben vom BMJV mit Stand Februar 2017.
268 Vgl. *Leuschner/Schwanengel* 2015, S. 93.

Anzeigenerstattung: Während die Polizei aus ihrem Selbstverständnis heraus die Haltung vertritt, dass jede Straftat zur Anzeige gebracht wird, stehen für die Opferhilfeeinrichtungen die Bedürfnisse und Wünsche der Menschen im Vordergrund, und erst danach wird auch die Verfolgung der Tat durch die Justiz angestrebt. Nach Ansicht einiger befragter Opferhilfeeinrichtungen korrespondiert die Logik des Justizsystems nicht mit der Logik des Sozialsystems.[269]

Die Ursache hierfür kann in der sogenannten „cop culture" und dem damit verbundenen Selbstverständnis der Polizei als Gefahrengemeinschaft verortet werden. Diese Gefahrengemeinschaft ist nach innen offen, grenzt sich jedoch nach außen hin ab und führt unweigerlich zu einem starken Zusammenhalt innerhalb der Gemeinschaft.[270] Es entsteht eine Gruppenverbundenheit, die insbesondere bei den Beamten der Schutzpolizei zu gemeinsamen Normvorstellungen führt. Die sich daraus ergebende Polizistenkultur, auch „cop culture" genannt, kann auch als das „[...] Konzentrat des polizeilichen Alltagswissens"[271] definiert werden. Es beschreibt eine Kultur, die auf das Innere der Polizei gerichtet ist und darauf abzielt, die individuelle und kollektive Identität zu sichern. In ihr herrscht die Vorstellung, dass der innere Frieden durch äußere Bedrohungen in Gefahr ist, weshalb gegen diese gemeinsam angekämpft werden muss.[271] Zugleich ist die „cop culture" aber auch ein „Bündel von Wertebezügen", die das Alltagshandeln von Polizisten ermöglichen, begrenzen und anleiten.[272] Darauf bezugnehmend lässt sich die sogenannte Krieger-Männlichkeit als prototypische Figur der Polizistenkultur verstehen.[273]

Die Krieger-Männlichkeit hat zum Ziel, die Gesellschaft zu schützen und, wenn notwendig gegen „das Böse" zu verteidigen. Der Normalbürger ist für die Krieger-Männlichkeit nur von geringem Interesse.[273] Im Fokus der ritualisierten Handlungsmuster stehen daher vielmehr das Abenteuer und das Jagdfieber nach dem Bösen, als das Schützen einzelner Bürger. Ist „das Böse" für die Krieger-Männlichkeit greifbar, bspw. in Form einer Mitteilung eines Sachverhaltes mit

---

269 Vgl. *Leuschner/Schwanengel* 2015, S. 93.
270 Vgl. *Behr* 2018, S. 40.
271 *Behr* 2018, S. 30.
272 Vgl. *Lange* 2006, S. 233.
273 Vgl. *Behr* 2018, S. 34-39.

V Herausforderungen und Handlungsmöglichkeiten

Hinweisen auf eine strafbare Handlung durch einen konkret benannten Täter, so löst dies unweigerlich ein Jagdfieber aus. In der Folge entsteht eine „Skalp-am-Gürtel-Mentalität"[274] und wem es gelingt, den Skalp des Täters am Gürtel zu tragen, der ist ein guter Polizist. Freisprüche und Einstellungen von Verfahren gelten als Niederlage, weshalb die Täterüberführung das Ermittlungsbestreben ist.[275] Dieses Selbstverständnis steht damit dem reinen Opferschutzgedanken entgegen.

Der Krieger-Männlichkeit (scheinbar) gegenüber steht der Schutzmann, der als Idealtypus des reflektierten Praktikers beschrieben werden kann.[276] Im Gegensatz zur Krieger-Männlichkeit, fühlt sich der Schutzmann mehr für den Frieden in der Gemeinschaft als für die Verbrecherjagd verantwortlich.[276] Dennoch handelt der Schutzmann stets verfahrenskonform, korrekt und rechtlich legal. Daraus folgt, dass auch dieser Typus im Rahmen seiner ritualisierten Handlungsmuster entgegen dem Willen eines Opfers handelt, um seinem Selbstbild vom stets korrekt handelnden Polizeibeamten gerecht zu werden.

Innerhalb der Polizistenkultur sind noch weitere Arten von Persönlichkeiten vertreten; sie alle verbinden gemeinsame Handlungsmuster und Normvorstellungen, die innerhalb der Gefahrengemeinschaft erlernt, gelebt und weitergegeben werden. Wenn die kollektiven Werte von einem Einzelnen nicht geteilt werden, weil er bspw. eine über das „normale Maß" hinausgehende Opferorientierung in sein Handlungsmuster übernimmt, so kann dies innerhalb der Gemeinschaft auf Unverständnis stoßen, zur Isolation innerhalb des Zusammenschlusses oder zum Ausschluss aus der Gefahrengemeinschaft führen.[277] Dass dies vermieden werden soll, bedarf an dieser Stelle sicher keiner weiteren Ausführungen.

Um in der Gefahrengemeinschaft vollwertiges Mitglied zu sein und auch bleiben zu können, ist eine gewisse Konformität hinsichtlich der Handlungsmuster, Traditionen und dienstlichen Gepflogenheiten unabdingbar. Im Zuge einer auch nach wie vor die Polizeiarbeit de-

---

274 *Püschel* 2015, S. 269 und 277.
275 Vgl. *Gerson* 2016, S. 233.
276 Vgl. *Behr* 2018, S. 34-39.
277 Vgl. *Behr* 2018, S. 106.

terminierenden „Jägermentalität" ergibt sich daraus konsequenter Weise eine Benachteiligung des Opferschutzes. Bedürfnisse und Belange des Opfers können unbeachtet bleiben. In gewisser Weise kann die Aussage der sich widersprechenden Logiken damit bestätigt werden: Jagen und Schützen schließen sich zwar nicht grundsätzlich aus, allerdings fokussieren sie unterschiedliche Ziele.

Auch die allgemeine Wendung zur sogenannten „Bürgerpolizei", die sich in den 90er Jahren entwickelte, hat an der zuvor dargestellten Polizistenkultur augenscheinlich nur wenig verändert. Zwar hat über die vergangenen Jahre hinweg in der Polizei eine verstärkte Hinwendung zum Opfer stattgefunden. Das kann anhand von diversen u.a. medial dargestellten Präventionsprojekten, dem Etablieren von Opferschutzbeauftragten in der Polizeiorganisation und dem Bereitstellen vieler verschiedener opferorientierter Broschüren belegt werden. Die Hinwendung zum Opfer zeigt sich aber vorrangig auf der Makroebene der Organisation Polizei, d.h. in der Polizeikultur als Ganzes. Bis zur Mikroebene, also der Polizistenkultur, scheint diese Hinwendung noch nicht gänzlich durchgedrungen zu sein. Für die Bürger ergibt sich folgendes Dilemma: nach außen entsteht für sie der Eindruck, dass die Polizei offener, hilfsbereiter, bürger- und opferorientierter geworden ist, was den Bürger dazu veranlasst, dort primär Hilfe und Rat zu suchen. Im Innern der Polizei wird diese Erwartungshaltung aufgrund der angesprochenen „cop culture" jedoch häufig nicht befriedigt, da hier noch der Wunsch nach Täterverfolgung vorherrscht. Dies kann insbesondere in Hinblick auf die sekundäre Viktimisierung eines Opfers schwerwiegende Auswirkungen haben.

Handlungsempfehlung:

Eines direkt vorweg: Es ist essentieller Bestandteil des deutschen Strafverfolgungssystems, dass die Polizei Straftäter ermittelt und so dabei hilft, sie ihrer gerechten Strafe zuzuführen. Die Frage, die sich stellt, ist vielmehr folgende: Um welchen Preis geschieht dieses „Zuführen"? Aus Sicht der Opfer ist der Preis manchmal zu hoch und die Auswirkungen eines ausgeprägten „Jagdfiebers" können weitreichend sein (s. in diesem Kapitel beschriebenes Beispiel). Zwar ist das „Verbrecherjagen" wichtig, dennoch darf der Schutz des Einzelnen nicht hinter den polizeieigenen – auch durch die Polizistenkultur beeinflussten – Interessen zurückstehen. Daher ist es unerlässlich, dass

Sie eine gesunde Balance zwischen dem Wunsch nach Bestrafung des Täters und dem Schutz des Opfers finden. Dabei kann es hilfreich sein, die eigene Einstellung zum Beruf und den damit einhergehenden Aufgaben immer wieder zu hinterfragen und neu zu definieren. Ein opferorientierter Umgang ist kein Zeichen von „schwacher" oder „schlechter" Polizeiarbeit, vielmehr ist er als Qualitätsmerkmal einer bürgerbezogenen Polizeiarbeit zu betrachten.[278] Sekundäre Viktimisierung zu vermeiden bzw. so gering wie möglich zu halten, muss ständiges Bestreben eines jeden Polizeibeamten sein bzw. werden. Hierzu müssen alt hergebrachte Handlungsmuster, Traditionen und dienstliche Gepflogenheiten nicht gänzlich als obsolet angesehen und von daher abgeschafft werden, vielmehr genügt es, diese an aktuellen Wertevorstellungen der Gesellschaft anzupassen und sich selbst aktiv in diesen Prozess einzubringen. Indem Sie Ihr eigenes Selbstverständnis verändern, tragen Sie ihren Teil zu einer veränderten Polizistenkultur bei.

Ungeachtet der Bestrebungen eines jeden Einzelnen, ist es eine große Herausforderung für die gesamte Polizeiarbeit das Selbstverständnis der Polizei dahingehend zu verändern, einen besseren Opferschutz zu gewähren.

5. Ausbildung von Polizeibeamten

Im Verlaufe dieses Handbuchs sollte bereits deutlich geworden sein, dass Opferschutz Aufgabe eines jeden Polizeibeamten ist. Dies gilt aber selbstverständlich nicht nur für ausgebildete Beamte. Bereits in der Polizeiausbildung sollte erlernt und verinnerlicht werden, dass Opferschutz auch Bestandteil der polizeilichen Aufgaben ist.

Um das Belastungserleben, d.h., weitere Viktimisierungen von Opfern, auf ein Minimum zu beschränken bzw. gänzlich zu verhindern, muss ein Polizeibeamter in der Lage sein, Opfern mit Respekt und Empathie zu begegnen.[279]Dazu gehört auch, erfahrenes Leid, Zerstörung sowie die Hilflosigkeit der Opfer zu erkennen[280], dem Opfer mit

---
278 Vgl. *Feltes* 2014(a), S. 241.
279 Vgl. *Burgsmüller* 2013, S. 25.
280 Vgl. *Hartmann*/ado e.V. 2010, S. 18.

Verständnis für die Situation zu begegnen und dessen Opferstatus anzuerkennen. Mit Blick auf die Verpflichtung Ermittlungen in alle Richtungen zu führen gilt es aber auch, eine gewisse professionelle Distanz zu wahren. Hierzu bedarf es einer fundierten Ausbildung in den Fächern Psychologie, Soziologie und Kriminologie mit besonderem Fokus auf den Teilbereich Viktimologie. Aber auch umfassende Kenntnisse der gesetzlichen Regelungen und Neuerungen zum Thema Opferschutz, von denen es, wie bereits dargelegt, in den letzten Jahren viele gegeben hat, sind essentiell. Darüber hinaus sollte jeder Polizeibeamte wissen, wer der örtlich zuständige Opferschutzbeauftragte innerhalb der eigenen Organisation ist. Zudem sollte bekannt sein, welche Aufgaben der polizeiliche Opferschutzbeauftragte hat. Darüber hinaus sind Kenntnisse der zumindest regional vertretenen Opferhilfeeinrichtungen hilfreich. Das Wissen um und der Umgang mit Datenbanken wie ODABS oder VIKTIM sollten ebenfalls Bestandteil des Curriculums sein.

Polizeianwärter müssen lernen, dass polizeilicher Opferschutz nach allgemeiner Auffassung folgendes zum Ziel hat:
- Sekundärviktimisierungen vermeiden,
- Folgen einer Tat mindern,
- das Sicherheitsgefühl von Opfern wieder stabilisieren,
- Hilfsangebote vermitteln (Opferhilfe)
- und über Opferrechte sowie den Verlauf des Ermittlungsverfahrens aufklären.

Dementsprechend muss vermittelt werden, dass polizeilicher Opferschutz Verständnis und Sensibilität für die Situation und Belange der Opfer, einen sachgerechten Umgang, unvoreingenommene Anerkennung des Opferstatus sowie eine kompetente Opferberatung erfordert.

Es muss mithin Ziel sein, jedem Polizisten während seiner Ausbildungszeit die Verpflichtung zum polizeilichen Opferschutz zu vermitteln. Denn die polizeiliche Arbeit basiert sozusagen auf einem Konstrukt von zwei „Säulen": der „Säule des Jagens" und der „Säule des Schützens".

Auf der einen Seite steht die Strafverfolgung von Straftätern („Jagen"), auf der anderen Seite das Verhüten von Straftaten sowie der Schutz der Opfer („Schützen"). Dies entspricht auch der bereits angesprochenen Doppelrolle der Polizei: sie ist Strafverfolgungsbehörde, aber eben auch – und das grundsätzlich originär – eine Gefahrenabwehrbehörde, die u.a. auch Gefahrenvorsorge zu betreiben hat. Insofern ist die Polizei ein Dienstleister im Bereich Bürgerschutz. Folglich sollten Themen wie Viktimologie, Opferschutz und Opferhilfe eine feste Größe in jedem Curriculum in der polizeilichen Ausbildung sein.

Eine Durchsicht des Curriculums für den Bachelorstudiengang im Polizeidienst der Polizei in Rheinland-Pfalz ergibt, dass das Fach Kriminologie im gesamten Studienverlauf augenscheinlich weniger vertreten ist, wie z.b. die Fächer Strafrecht oder Verkehrsrecht. Auch fällt auf, dass das Teilgebiet der Viktimologie zumindest begrifflich nicht im Curriculum zu finden ist.

Bei genauerer Betrachtung der einzelnen Module finden sich die ersten Lehrveranstaltungsstunden (LVS)[281] im Fach Kriminologie in Modul 3 „Grundlagen polizeilichen Handelns", Lehrveranstaltung 5 „Kriminalwissenschaftliche Grundlagen polizeilichen Handelns". Hier werden, dem Curriculum zufolge, erstmals verschiedene Kriminalitätstheorien und Erklärungsansätze vorgestellt und besprochen. Das Thema Opferschutz und Opferhilfe bzw. das Teilgebiet der Viktimologie wird im Curriculum nicht explizit aufgeführt.

Weitere LVS im Fach Kriminologie finden sich in Modul 6, „Handlungsfeld Prävention und Sofortlagenmanagement". Bei genauerer Betrachtung ist zu erkennen, dass sich hinter Lehrveranstaltung 5, „Opfer als Beteiligte im Kriminalitätsgeschehen", im Ansatz das Gebiet der Viktimologie verbirgt. Denn als Lernziel sollen die Studierenden die Rolle des Opfers im Kriminalitätsgeschehen kennen, den Prozess der Viktimisierung verstehen und analysieren können sowie die Möglichkeiten der Opferhilfe kennen und analysieren sowie die Möglichkeit der Opferhilfe kennen und umsetzen können.[282]

Auch die Fachbereiche der Soziologie und der Psychologie, insbesondere im Zusammenhang mit Themenbereichen rund um den Opferschutz, sind nur geringfügig im Curriculum vertreten. Zwar wird das komplette Modul 6 dem Themengebiet der Prävention gewidmet,

---

281 In Rheinland-Pfalz wird eine LVS mit 45 min. bemessen.
282 Vgl. Hochschule der Polizei Rheinland-Pfalz 2018, S. 66.

dessen Schwerpunkte bilden jedoch in erster Linie die allgemeine Kriminalprävention sowie die Verkehrsunfallprävention.

Nach der Analyse des Curriculums der Hochschule der Polizei Rheinland-Pfalz im Bachelorstudiengang Polizeidienst lässt sich festhalten, dass die Themenkomplexe Viktimologie und Opferschutz (inklusive den Bezügen aus Soziologie und Psychologie) einen eher geringeren Anteil der Gesamtstudieninhalte ausmachen. Dominiert wird das Studium von Fächern, wie Strafrecht, Verkehrsrecht, Staats- und Verfassungsrecht, Polizeirecht und Einsatzlehre. Diese Fächer weisen selbstverständlich auch immer wieder Verzweigungen zur Prävention auf, spezielle interdisziplinäre Verzweigungen insbesondere zum Opferschutz lassen sich zumindest anhand des vorliegenden Curriculums aber nicht erkennen.

Eine ähnliche Situation findet sich auch bei der Durchsicht des Modulhandbuchs für den Bachelorstudiengang PVD 2016 der Hochschule für Polizei und öffentliche Verwaltung Nordrhein-Westfalen.[283] Auch hier sucht man das Teilgebiet „Viktimologie" vergebens, wird allerdings bzgl. der Begrifflichkeiten „Opferschutz und Opferhilfe" insbesondere in Modul HS 2.1 fündig. Dieses Modul befasst sich mit besonderen Kriminalitätsformen „[...] aus kriminalistischer Sicht und bezieht dabei kriminologische und soziologische Aspekte des Opferschutzes und der Opferhilfe mit ein"[284]. Besonders vertieft wird dies in Teilmodul HS 2.1.2 „Täter, Opfer und Prognosen". Innerhalb dieses Teilmoduls sollen Studierende u.a. in die Lage versetzt werden „[...] den Opferschutz als polizeiliche Kernaufgabe [...] bewerten [...]"[285] zu können. Dies deckt sogenannte Kompetenzziele ab. Als Lehr- und Lerninhalte wird u.a. „Inhalte der viktimologischen Lehre und Forschung"[285] angegeben.

Interessant ist ein Blick in Teilmodul HS 2.3.5 „Bedrohung des eigenen und fremden Lebens". Bezüglich der Lehr- und Lerninhalte wird hier angegeben, dass das Teilmodul ausgewählte Grenzprobleme der polizeilichen Arbeit behandelt. Dabei wird neben „Angst" und „Überbringen von Todesnachrichten" auch auf den Begriff Opferschutz verwiesen. Ob sich dahinter auch die in diesem Handbuch be-

---

283 Vgl. Hochschule für öffentliche Verwaltung Nordrhein-Westfalen 2020 (online).
284 Hochschule für Polizei und öffentliche Verwaltung Nordrhein-Westfalen 2020, S. 71.
285 Hochschule für Polizei und öffentliche Verwaltung Nordrhein-Westfalen 2020, S. 76.

sonders behandelte Problematik „Legalitätsprinzip vs. Opferschutz und Opferhilfe" verbirgt, kann allein mittels Durchsicht des Curriculums nicht gesagt werden.

Die Betrachtung des Curriculums zum Bachelorstudiengang PVD 2016 der Hochschule für Polizei und öffentliche Verwaltung Nordrhein-Westfalen lässt ebenfalls den Rückschluss zu, dass auch in Nordrhein-Westfalen eine ähnliche Schwerpunktsetzung wie in Rheinland-Pfalz vorliegt. Da hier jedoch lediglich die Gesamt-LVS für die jeweiligen Module ausgewiesen werden, nicht jedoch Einzelaufstellungen der jeweils beteiligten Fachgebiete, ist eine detaillierte Analyse nicht möglich.

Auch die Durchsicht des Curriculums der Polizeiakademie Niedersachsen[286] lässt bei der Verteilung der LVS keine andere Schwerpunktverteilung als die der Rheinland-Pfälzischen Hochschule der Polizei oder der Hochschule für Polizei und öffentliche Verwaltung Nordrhein-Westfalen erkennen.

Modul 1 „Grundlagen der Kriminalitätskontrolle" beschäftigt sich zunächst mit den Kriminalwissenschaften. Während sich Teilmodul 1.1. mit den „Grundlagen der Ermittlungsführung" und damit auf die Fächer Kriminalistik und Kriminaltechnik fokussiert, widmet sich Teilmodul 1.2 „Kriminalität als soziales Phänomen", insbesondere dem Fach der Kriminologie. Besonders ins Auge fällt dabei der Lehr- und Lerninhalt „Vermeiden sekundärer Viktimisierung durch Polizei".[287] Dieser wird laut Curriculum z.B. durch Präsentation und Diskussion polizeilicher Kurzfilme vermittelt. Das Thema „Vermeidung sekundärer Viktimisierung" wird schließlich in Modul 4.3 „Basiswissen Psychologie" erneut aufgegriffen. Hier entfällt die Stundenaufteilung komplett auf die Sozialwissenschaften. In diesem Zusammenhang wird auch die „Betreuung des Opfers häuslicher Gewalt" angesprochen.

Modul 8, unterteilt in mehrere Teilmodule, greift schließlich erneut das Thema Viktimisierung auf und hat u.a. zum Lernziel, dass die Studierenden die Stufen der Viktimisierung und die Rechtsstellung des Opfers im Strafprozess kennen. Darüber hinaus sollen die Studieren-

---

286 Vgl. Polizeiakademie Niedersachsen 2019 (online).
287 Vgl. Polizeiakademie Niedersachsen 2019, S. 28.

den die psychologischen Hintergründe von Viktimisierungsfolgen, die ersten Maßnahmen zur Krisenintervention sowie außerpolizeiliche Anlaufstellen für Opfer kennen.[288] Ferner sollen sie am Ende des Modul 8 dazu befähigt sein, unter besonderer Berücksichtigung von Opferbelangen in einfacher gelagerten Fällen, die ersten notwendigen Maßnahmen zu treffen. In Teilmodul 8.2.1 „Vernehmung und Befragung", findet sich erstmals der Begriff der „Viktimologie" wieder. Insgesamt entfällt nur ein geringer Stundenansatz an LVS auf die Kriminalwissenschaften. Die Mehrheit der Stunden entfallen auf Einsatz- und Verkehrslehre sowie auf die Rechtswissenschaften.

In Modul 13 werden schließlich in verschiedenen Teilmodulen nochmals die Themen Viktimisierungsstufen/Viktimisierungsfolgen spezifisch aufgegriffen.

Somit zeigt auch dieses Curriculum eine sowohl auf die Stundenverteilung als auch auf die Inhalte bezogene akzentuierte Befassung mit Themen des Opferschutzes/der Opferhilfe auf.

Das ein Curriculum eines Studiengangs lediglich einen „Rahmen" für ein mit Leben zu füllendes Gesamtkonstrukt bildet, steht außer Frage. Bei einer rein objektiven Betrachtung dieses „Rahmens" kann man dennoch zu dem Eindruck gelangen, dass bei der angegebenen Stundenverteilung der einzelnen Modulinhalte der hier dargestellten Curricula sowie der nur punktuellen Befassung mit entsprechenden Themenbereichen lediglich erste Grundlagen zur Viktimologie und zum polizeilichen Opferschutz erlernt werden können. Für ein vertieftes Auseinandersetzen mit den Themen Opferschutz/Opferhilfe und allem was insbesondere aus polizeilicher Sicht dazu erlernt und vor allem verinnerlicht werden sollte, wäre eine andauernde Wiederholung und interdisziplinäre Einbindung der Thematiken über die gesamte Studienzeit hinweg zielführender.

Für den seit Jahren anhaltenden Wertewandel innerhalb der Gesellschaft[289] erscheint die Waagschale zwischen den an Recht und Gesetz orientierten Fächern und den nicht-juristischen Fächern insgesamt mehr in Richtung der juristischen Fächer zu tendieren. Die hier beispielhaft ausgewählten Curricula könnten einen deutlicheren Trend

---

288 Vgl. Polizeiakademie Niedersachsen 2019, S. 65.
289 S. hierzu auch Kapitel IV.1.1.

hin zu einer verstärkten Opferorientierung und einem hervorgehobenen Stellenwert der Kriminalitätsopfer aufweisen.

Selbstverständlich fußt professionelles polizeiliches Handeln immer auf fundierten Kenntnisse der Rechtswissenschaften und basiert auf einer soliden Ausbildung in den Themenbereichen Einsatzlehre, Informations- und Kommunikationstechnik und den Sozialwissenschaften. Und dennoch muss auch innerhalb der polizeilichen Aus- und Fortbildung der aktuelle Wertewandel Umsetzung finden. Denn durch die gefühlte aber auch sichtbare Fokussierung auf rechtswissenschaftliche Fächer, besteht auch die Gefahr, dass angehenden Polizeibeamten innerhalb der polizeilichen Ausbildung bereits unterschwellig die Schwerpunktsetzung der polizeilichen Arbeit vermittelt wird: die Strafverfolgung im Rahmen straf- und verkehrsrechtlicher Delikte. Derart findet bereits hier eine erste Prägung im Sinne des Selbstverständnisses statt und kann frühzeitig die zu erlernenden Handlungsmuster beeinflussen.

Sicherlich bedarf es einer genaueren Analyse der aktuellen Curricula und ihrer Inhalte, um eine detailliertere Aussage über die Gewichtung zwischen den juristischen und den nicht-juristischen Fächern innerhalb der verschiedenen Studienpläne sowie den hieraus resultierenden Auswirkungen auf die Arbeit der Polizeibeamten und die Polizistenkultur treffen zu können. Für den Moment kann jedoch lediglich der „Rahmen" beurteilt werden, nicht jedoch die Inhalte, mit denen der Rahmen bestückt wird. Diese Art von Untersuchung wäre höchst interessant, sprengt jedoch den Umfang dieses Handbuchs bei weitem und führt darüber hinaus zu weit weg von der Intension dieses Werks.

Betont sei an dieser Stelle, dass sich hinter der hier beispielhaften Herausstellung der drei Curricula keinerlei Kritik verbirgt. Vielmehr handelt es sich dabei um die bloße Feststellung, dass es mit Blick auf das Thema Opferschutz und dem aktuellen Wertewandel in der Gesellschaft insgesamt erforderlich sein dürfte, die Lehrinhalte der polizeilichen Hochschulen dahingehend zu überprüfen und ggf. anzupassen. Wünschenswert wäre insbesondere eine (stärkere) interdisziplinäre Verzahnung über den gesamten Studienverlauf hinweg. Auf diese Weise könnte bereits die Struktur des angepassten Curriculums – eine ausgewogene Waagschale – positiven Einfluss auf das Selbstbild eines jeden Polizisten nehmen und die beiden Säulen (Jagen und Schützen) würden ein stabiles Fundament für das gesamte polizeiliche Handeln bilden.

Neben dem Aspekt, dass die Verankerung von Kriminologie und Viktimologie und Themen wie Opferschutz und Opferhilfe innerhalb des polizeilichen Ausbildungscurriculums noch ausbaufähig sind, besteht eine weitere Herausforderung im Föderalismusprinzip.

Ebenso wie der Erlass der Polizeigesetze ist auch die polizeiliche Ausbildung Ländersache und divergiert daher bundesweit. Während einige Bundesländer nach wie vor einer dreistufigen Ausbildungsstruktur folgen, haben Länder, wie bspw. Rheinland-Pfalz, Saarland, Hessen, Nordrhein-Westfalen, Bremen und Niedersachsen, ihre Ausbildung auf eine zweigeteilte Laufbahn ausgerichtet. Bereits durch diese unterschiedlichen Strukturen entstehen Unterschiede innerhalb der polizeilichen Ausbildung. Darüber hinaus existieren keine gemeinsamen, bundesweit gültigen Standards für Aus-, Fort- und Weiterbildung in Bezug auf Opferschutz[290], obwohl dies durch die Richtlinien des Europäischen Parlaments und des Rates der EU aus dem Jahr 2012 explizit als **Mindeststandard** postuliert wird:

*„An Strafverfahren beteiligte Amtsträger, die voraussichtlich mit den Opfern in persönlichen Kontakt kommen, sollten **Zugang zu angemessenen einführenden Schulungen und Weiterbildungen** in einem ihrem Kontakt zu Opfern angemessenen Umfang erhalten und daran teilnehmen können, damit sie in der Lage sind, die Opfer und ihre Bedürfnisse zu erkennen und auf respektvolle, einfühlsam, professionelle und diskriminierungsfreie Weise mit ihnen umzugehen"*[291]. *(Hervorhebungen durch die Autorin)*

Und auch hinsichtlich angemessener Schulungen und Weiterbildungen im Hinblick auf einen verbesserten Opferschutz besteht noch Nachbesserungsbedarf bei Polizei und Justiz.[292] Der Bedarf an entsprechenden, ausreichenden Weiterbildungsmöglichkeiten kann nicht zuletzt auch damit begründet werden, dass zu einer geeigneten Opferbetreuung zunächst ein verständnisvolles und geduldiges Zu-

---

290 Vgl. *Gerson* 2016, S. 865.
291 Vgl. ABl. 2012 L 315, S. 64.
292 Vgl. *Märkert* 2016, S. 9.

hören gehört, Opfer aber darüber hinaus auch weitere Bedürfnisse und Wünsche haben, die die Polizeibeamten im Rahmen des Erstkontakts besonders fordern: Opfer benötigen menschlichen Beistand nach der Tat, wünschen Beratung und Informationen über den Verlauf und Fortgang des Verfahrens und möchten weitere Hilfsangebote unterbreitet bekommen.[293] Irgendwann wollen sie aber auch nur noch ihre Ruhe und in ein normales Leben zurückkehren.

All dies muss sich am jeweiligen Opfertyp und dessen speziellen Bedürfnissen orientieren. Ein rein routinemäßiger Umgang, wie er im Zuge der Ausbildung und der „cop culture" verinnerlicht und darüber hinaus von den „alten Hasen" im Dienst untermauert wird, wird diesen Bedürfnissen nur selten gerecht werden. Abhilfe schaffen kann hier ein ausgebildeter, geschulter und besonders auf opferschutzrelevante Themen vorbereiteter Polizeibeamte, der Einfühlungsvermögen und Sensibilität gegenüber einem Opfer nicht als „Schwäche" empfindet, sondern während seiner Ausbildung gelernt hat, dass dies ebenso zu den Qualitätsmerkmalen eines guten Polizeibeamten gehört, wie auch die Aufgabe, Täter hinter Schloss und Riegel zu bringen. Um dies zu erreichen, muss der Grundstein für einen verbesserten Opferschutz daher in der polizeilichen Ausbildung gelegt werden und mittels Fort- und Weiterbildungen, bspw. in Form von Opfer-Sensitivitätstrainings[294] vertieft und aufgefrischt werden. Auf diese Weise kann neben reinem Wissen eine auf Selbstreflexion basierende und auf das Bewältigungspotential der Opfer ausgerichtete Handlungskompetenz erworben werden.[295] Die Polizistenkultur könnte sich so neu definieren.

Die derzeitige – zumindest in einigen Bundesländern – vorherrschende Ausbildungssituation in der Polizei stellt eine Herausforderung für die polizeiliche Aufgabenbewältigung im Zusammenhang mit dem Handeln nach dem Legalitätsprinzip und einem adäquaten Opferschutz/einer adäquaten Opferhilfe dar. Momentan wird durch die Gewichtung der Studieninhalte ein deutlicher Fokus auf die „Säule des Jagens" gelegt und die „Säule des Schützens" bleibt dahinter zurück. Dies führt zu einer Schieflage, die sich über erlernte Handlungsmus-

---

293 Vgl. *Hofmann* 2010, S. 4.
294 Vgl. *Schneider* 2014, S. 260.
295 Vgl. *Hartmann*/ado e.V. 2010, S. 17.

ter zum verinnerlichten Selbstverständnis bis hin zum gelebten Umgang mit Bürgern fortsetzen kann. Eine Überarbeitung der Schwerpunktsetzung des polizeilichen Curriculums sowie die Einführung bundeseinheitlicher Standards in Aus- und Fortbildung im Bereich des polizeilichen Opferschutzes sind daher anzuraten. Weder den Auszubildenden, noch den bereits im aktiven Dienst befindlichen Polizeibeamten sollte ein schiefgelagertes und einseitiges Handlungsbild vermittelt werden. Darüber hinaus sollte auch der Föderalismus nicht dazu führen, dass Opfer unterschiedliche Behandlungen erhalten. Zudem trägt eine gute fachlich-soziale Kompetenz, welche in regelmäßigen Abständen aufgefrischt werden sollte, maßgeblich dazu bei, einen qualifizierten Opferschutz zu gewährleisten. Von der Reaktion der Polizei hängt ab, wie sich individuelle Opfer vertreten fühlen und wie sie daraufhin bereit sind, an der Aufklärung von Straftaten mitzuwirken. Darüber hinaus entscheidet die polizeiliche Reaktion maßgeblich darüber, welches Vertrauensverhältnis sich zwischen den Bürgern und der Polizei aufbaut.[296]

6. Personalstruktur des polizeilichen Opferschutzes

Eine weitere Herausforderung für die polizeiliche Aufgabenbewältigung im Zusammenhang mit der Wahrung des Legalitätsprinzips einerseits und der Achtung des Opferschutzes andererseits, kann auch in der Organisationsstruktur des polizeilichen Opferschutzes, insbesondere in der Stellenbesetzung besonders qualifizierter und geschulter Mitarbeiter liegen.

Bereits im Jahr 2001 betonte der Rat der Europäischen Union die zentrale Bedeutung einer angemessenen und sachgerechten Ausbildung von Personen, die mit Opfern in Kontakt treten.[297] Begründet wird dies zum einen mit einer grundlegenden Bedeutung für das Opfer, aber auch mit der Verwirklichung der Ziele im Strafverfahren. Mit Inkrafttreten der EU-Richtlinie über Mindeststandards für den Opferschutz im Jahr 2012[298], soll u.a. gewährleistet werden, dass Opfer respektvoll behandelt werden und Polizei, Staatsanwaltschaft und

---

296 Vgl. *Linke* 2010, S. 147.
297 Vgl. ABl. 2001 L 82, S. 1-4.
298 ABl. 2012 L 315, 57.

Richterschaft in einem angemessenen Umgang mit Opfern geschult werden.

> **Merke:**
> Grundsätzlich ist Opferschutz Aufgabe eines **jeden** Polizeibeamten!

Bei einer Betrachtung der Internetauftritte der verschiedenen Länder finden sich überall Hinweise auf die Implementierung von Personalstellen, die sich polizeiintern speziell dem Opferschutz widmen – somit wird der EU-Richtlinie u.a. Rechnung getragen. In den meisten Bundesländern werden diese Personen als „Opferschutzbeauftragte" bezeichnet, weshalb auch nachfolgend diese Bezeichnung verwendet wird. Es existieren allerdings auch andere Bezeichnungen: Bei der Polizeidirektion Osnabrück in Niedersachsen spricht man bspw. von der „Beauftragten für Opferschutz" und in Bayern von „Beauftragten der Polizei für Kriminalitätsopfer". Wie auch in den Bezeichnungen, so können auch hinsichtlich der konkreten Aufgabenzuweisungen bundesweit Unterschiede festgestellt werden. Während in manchen Bundesländern die Opferschutzbeauftragten im Nebenamt tätig sind, wird in anderen Bundesländern diese Stelle als gesonderte Funktion ausgewiesen. Grundsätzlich fungieren die Opferschutzbeauftragten aber immer als erste Berater und Mittler zu den diversen, zur Verfügung stehenden Opferhilfestellen und koordinieren opferschutzbezogenen Maßnahmen. In den meisten Fällen sind die Kontaktdaten der Opferschutzbeauftragten auf den einzelnen Internetseiten der jeweiligen Polizei hinterlegt und können dort, neben vielen weiteren hilfreichen Informationen, jederzeit abgerufen werden.

> **Merke:**
> Ein **Opferschutzbeauftragte der Polizei** ist (zumindest in den meisten Bundesländern) ein „Spezialist" auf dem Gebiet des Opferschutzes und fungiert, mit Blick auf das Opfer, insbesondere als Mittler zwischen dem mit der Anzeigenaufnahme betrauten Sachbearbeiter und den verschiedenen Opferhilfeeinrichtungen. Kriminalitätsopfer können sich aber auch direkt an den Opferschutzbeauftragten wenden. Als Opferschutzbeauftragter ist man im Umgang mit Opfern besonders geschult, kann sie über ihre Rechte und Pflichten sowie über den allgemeinen Verfahrensablauf umfassend informieren und sie deliktspezifisch über weitere Hilfe- und Unterstützungsmöglichkeiten beraten. Falls nötig, sorgen sie auch für notwendige Soforthilfen und vermitteln medizinische, psychologische, soziale, materielle oder

juristische Hilfe. Darüber hinaus unterstützen sie die Opfer auch bei der Stellung von Anträgen, bspw. in Verbindung mit dem OEG.

Während die Art und Weise der Umsetzung des polizeilichen Opferschutzes von Bundesland zu Bundesland variiert, ist die Ausrichtung und die Zielsetzung der Polizei in puncto Opferschutz bundesweit überwiegend deckungsgleich: Opferschutz ist ein wichtiges Anliegen der Polizei, aber auch jeder einzelnen Polizeibeamtin und jedes einzelnen Polizeibeamten. Das Opfer genießt einen hohen Stellenwert in der polizeilichen Arbeit und ist unbedingt ernst zu nehmen. Polizeilicher Opferschutz umfasst das Informieren des Opfers über Abläufe, Hilfsmöglichkeiten und Opferrechte und vermeidet so gut wie möglich eine sekundäre Viktimisierung.

Dennoch verbirgt sich hinter dem grundsätzlich positiv zu bewertenden Akzent in Richtung eines verbesserten Opferschutzes auch eine gewisse Krux. Diese liegt in den Verpflichtungen, die sich aus der beruflichen Stellung eines Polizeibeamten ergeben. Denn, bei bundesweiter Recherche bezüglich der beruflichen Stellung der bei den Landespolizeien eingesetzten Opferschutzbeauftragten, kann festgestellt werden, dass in der überwiegenden Mehrheit der Bundesländer Polizeibeamte den Part des Opferschutzbeauftragten der Polizei übernehmen – so bspw. in Hessen, Bayern, Nordrhein-Westfalen, Sachsen, Sachsen-Anhalt, Brandenburg, Thüringen, Schleswig-Holstein oder auch in Niedersachsen.[299] In Hamburg bieten die örtlich zuständigen Sachbearbeiter der jeweiligen Polizeikommissariate entsprechende Hilfeleistungen für Opfer an. Somit unterliegen die Opferschutzbeauftragten der hier genannten Bundesländer alle dem Legalitätsprinzip.

Diese Situation ist mit der des „Polizeibeamten der ersten Stunde", welcher im Rahmen des ersten Kontakts auf der Dienststelle mit dem Opfer konfrontiert ist, vergleichbar. In beiden Fällen besteht die Gefahr, dass sich ein Opfer zunächst überwindet, einen Sachverhalt

---

299 Die entsprechenden Informationen konnten den einzelnen Internetauftritten der Polizeien der Länder entnommen werden oder wurden von der Autorin gesondert angefragt. Für die Bundesländer Berlin, Baden-Württemberg, Mecklenburg-Vorpommern und Saarland liegen keine gesicherten Auskünfte zu den personellen Besetzungen vor. In Bremen organisiert sich die Polizei mit Blick auf das Thema Opferschutz aktuell neu.

einer fremden Person vorzutragen und sich hilfe- und ratsuchend an einen Polizeibeamten oder einen Opferschutzbeauftragten wendet. Entweder wird bei dieser ersten Kontaktaufnahme das Opfer – am Telefon oder persönlich – sofort auf die Strafverfolgungsverpflichtung hingewiesen und dadurch das Opfer ggf. eingeschüchtert bzw. verunsichert. Oder aber, es unterbleibt zunächst der Hinweis des Polizeibeamten oder des Opferschutzbeauftragten auf die Strafverfolgungsverpflichtung und der Beamte sieht sich in der Konsequenz möglicherweise mit einer eigenen Strafbarkeit gem. § 258a StGB konfrontiert.

Mittels des Einsetzens von Opferschutzbeauftragten wird dem polizeilichen Opferschutz zusätzlich zu anderen präventiven Maßnahmen Rechnung getragen. Zur Erfüllung einer solch verantwortungsvollen Aufgabe in Bezug auf die Bewältigung von primärer und sekundärer Viktimisierung, bedarf es qualifizierter Personen.[300] So sind nicht nur individuelle Kompetenzen, wie Einfühlungsvermögen und eine gewisse emotionale Belastbarkeit, sondern auch juristische, sozialpädagogische, ggf. medizinische sowie psychologische Fachkenntnisse von Nöten. Der Wissensumfang, den es zur sachgerechten Betreuung eines Opfers bedarf, ist somit höchst interdisziplinär.

Heutzutage werden Polizeibeamte bezüglich des Themas Opferschutz bereits deutlich besser ausgebildet, als dies noch vor Jahren der Fall war. Auch hier hat sich der Paradigmenwechsel der letzten Jahre niedergeschlagen. Aber auch bei wachsender Qualifikation darf nicht außer Acht gelassen werden, dass – wie im Beispiel aus Kapitel V.2 bereits dargelegt – die polizeiliche Beratungsarbeit immer dort endet, wo therapeutische, psychologische oder juristische Beratung notwendig wird. Darüber hinaus bleibt, allem voran, die Verpflichtung des Polizeibeamten zum Legalitätsprinzip bestehen. Um dieses Dilemma zu „umgehen", ist eine einfache Anpassung in der Stellenbesetzung des polizeilichen Opferschutzbeauftragten die logische Konsequenz: Der Opferschutzbeauftragte bei der Polizei darf kein Polizeivollzugsbeamter sein.

Mit der Ausübung der Funktion eines Opferschutzbeauftragten sollten somit z.B. Sozialarbeiter, Psychologen oder Personen ähnlicher

---

300 Vgl. *Hartmann*/ado e.V. 2010, S. 24.

Berufsgruppen betraut werden. Sie sind im Umgang mit physisch und/oder emotional verletzten oder gar traumatisierten Menschen besonders ausgebildet und verfügen über besondere Kenntnisse und erlernte Fähigkeiten, die sie dazu befähigen, Personen in schwierigen Situationen u.a. Halt, Trost, Zuversicht und Selbstvertrauen zu schenken. Sie sind in ihren Handlungen frei und nicht dem Legalitätsprinzip unterworfen. Sie verhalten sich neutral und verfügen über eine breitere Palette an Hilfsmöglichkeiten. Die im Rahmen ihrer Tätigkeit geschlossenen Netzwerke zu Opferhilfestellen sind mannigfaltig und können mittels regelmäßiger Fort- und Weiterbildungen stetig wachsen und durch neue (Er-)Kenntnissen bereichert werden. Ohne das Damoklesschwert der Strafvereitelung im Amt über sich schweben zu sehen, kann dieser – personell umstrukturierte – Opferschutzbeauftragte viel bewusster und auch zeitintensiver auf das Opfer eingehen. Er kann – ohne Wertung – seinem Gegenüber die Vor- und Nachteile einer Anzeigenerstattung aufzeigen.[301] Die derart geschaffene Transparenz, welche das Opfer Vorgänge verstehen und damit seine eigenen Möglichkeiten selbst besser einschätzen lässt, bietet zusätzliche Unterstützung.[302] Nur ein neutraler Opferschutzbeauftragte, der nicht dem Legalitätsprinzip untersteht, kann von Beginn an adäquate Opferhilfe leisten. Der Opferschutzbeauftragte wird so zum wahren „Freund und Helfer" für das Opfer. Zudem kann er aufgrund seiner praktischen Erfahrungen dazu beitragen die viktimologische Forschung voranzutreiben.[303]

Darauf aufbauend kann schließlich mit dem Opfer ein zielgerichtetes Gespräch über die Möglichkeiten sowie den Sinn und Zweck eines Strafverfahrens geführt werden. Wenn es gelingt, durch umfassende Beratung ein gestärktes Opfer der Polizei zuzuführen, kann ein Polizist als eine Art „nachgeordneter Opferschutzbeauftragter" – jetzt dem Legalitätsprinzip entsprechend – umsichtig und mit Empathie, die Strafverfolgung auf Wunsch des Opfers anstoßen. Auf diese Weise „vertragen" und ergänzen sich Legalitätsprinzip und Opferschutz und das Opfer kann selbständig über Anzeige oder Nicht-Anzeige entscheiden.

---

301 Vgl. *Leuschner/Schwanengel* 2015, S. 116.
302 Vgl. *dies.* 2015, S. 18.
303 Vgl. *Schneider* 1975, S. 234.

Weitergedacht, trägt das Opfer so auch zur Aufhellung des Dunkelfeldes bei und kann die Strafverfolgung damit unterstützen. Im Anschluss an die erfolgte Strafanzeige kann der Opferschutzbeauftragte das Opfer weiter stabilisieren, langeangepasst über weitere Unterstützungsmöglichkeiten informieren und bei der Kontaktaufnahme mit anderen Beratungsstellen behilflich sein. Auf diese Weise wird dem Opfer von allen Seiten vermittelt, dass es aktiver Teil des gesamten (Straf-)Prozesses ist. Ihm wird zudem ein Weg zurück in ein gesundes und normales gesellschaftliches Leben erleichtert.

An dieser Stelle schließt sich der Kreis zwischen Opferschutz, professioneller Opferhilfe und Vorbeugung. Professionell ausgeübter Opferschutz, sowie eine darüberhinausgehende professionelle Opferhilfe, helfen dabei, einer weiteren Opferwerdung, sowohl vom Betroffenen selbst als auch anderer Opfer, vorzubeugen. Sieht die Polizei ihre Aufgabe im Opferschutz als existentiell und sich selbst darüber hinaus als Teilakteur einer interdisziplinären professionellen Opferhilfe, so leistet sie aktive Vorbeugearbeit im Sinne ihrer gesetzlichen Verpflichtung.

Letztlich sollte es das Ziel aller polizeilichen Einrichtungen sein, einen adäquaten Pool an Opferschutzbeauftragten vorzuhalten. Im Anforderungsprofil müssen die Opferschutzbeauftragten psychosoziale Fachkräfte mit Kenntnissen in den Bereichen Gesprächsführung, Sozialmedizin, Psychologie usw. aufweisen. Insbesondere müssen sie über fundierte Rechtskenntnisse zu Opferrechten und Opferentschädigungen sowie Angebote der Opferhilfe, wie bspw. der Psychosozialen Prozessbegleitung, verfügen. Nur so kann eine fundierte Beratung und anschließende Weiterleitung des Opfers an die fachlich passende Opferhilfeeinrichtung erfolgen.

In diesem Zusammenhang sollten Kontakte zu sowie vertiefte Kenntnisse über die regional bestehenden Opferhilfeeinrichtungen, deren Angebote und Organisationsstruktur, sowie die Struktur der Polizei und Justiz bzw. den Ablauf eines Strafverfahrens bestehen, um eine enge Kooperation untereinander gewährleisten zu können. Auch sind ein enger Kontakt und eine gute Zusammenarbeit mit den Streifenbeamten vor Ort essentiell, da es von deren Kenntnissen über die Aufgaben und die Arbeit des Opferschutzbeauftragten maßgeblich abhängt, dass ein beratungssuchendes Opfer zum richtigen Zeitpunkt – nämlich sobald der Wunsch nach einem Beratungsgespräch besteht – an die richtige Stelle vermittelt werden kann. Ein wirksamer Einfluss auf den Umgang der Polizei mit Opfern kann allerdings nur bei einer starken Stellung der Opferschutzbeauftragten innerhalb der Polizeibehörden stattfinden.[304]

Regelmäßige Fort- und Weiterbildungen sowie Hospitationen in den unterschiedlichen Bereichen (Polizeidienst, Staatsanwaltschaft, Gericht, Jugendamt, Opferhilfeeinrichtungen etc.) können zudem das räumliche Kooperationsdefizit auffangen und einen regelmäßigen Austausch untereinander gewährleisten. Eine Besetzung der Stelle des polizeilichen Opferschutzbeauftragten mit einem Polizeivollzugsbeamten, ist, mit Blick auf das vorbenannte Dilemma, nicht zielführend; es steht in Widerspruch zum Ziel, eine weitere Viktimisierung des Opfers nach Möglichkeit zu vermeiden.

> Ein **Beispiel** aus Rheinland-Pfalz:
>
> Bei genauer Betrachtung der Aufzählung der Bundesländer im zuvor dargestellten *Hintergrundwissen* dürfte aufgefallen sein, dass das Bundesland Rheinland-Pfalz als einziges nicht benannt ist. Dies ist darauf zurückzuführen, dass sich in Rheinland-Pfalz seit Anfang des Jahres 2020 die Stellenbesetzung der Opferschutzbeauftragten in den Präsidien verändert hat. Bis zu diesem Zeitpunkt wurden in den fünf Polizeipräsidien in Rheinland-Pfalz überwiegend Polizeibeamte als Opferschutzbeauftragte eingesetzt. Lediglich zwei der damaligen Opferschutzbeauftragen waren diplomierte Sozialarbeiter. Zwar wurde auf den Umstand, dass einige der Opferschutzbeauftragten in Rheinland-Pfalz dem Legalitätsprinzip unterliegen, auf der Homepage, sowie in Informationsbroschüren für betroffene Opfer hingewiesen. Inwieweit dies von den Opfern aber verstanden wurde und sie daraus ihre Konsequenzen ziehen konnten, bleibt offen.

Ergänzend ist zu sagen, dass die Anzahl der Opferschutzbeauftragten einer Landespolizei in angemessener Relation zur jeweiligen Opferzahl zuzüglich einer groben Schätzung der Opferzahlen des Dunkelfeldes stehen sollte. Hierzu bedarf es in der Zukunft einer weiter ausgebauten Opferstatistik sowie weiterer professionell durchgeführter Opferbefragungen. Wie sich die genaue Anzahl der Personen bemisst, die aktuell im polizeilichen Rahmen mit dem Thema Opfer-

---

304 Vgl. *Dölling* 2017, S. 185.

schutz beauftragt sind, kann allein aus öffentlich zugänglichen Quellen nicht herausgearbeitet werden. Hierzu bedarf es genauerer Recherchen innerhalb der Polizeibehörden.

Es wäre ebenfalls interessant zu erforschen, welche Kenntnisse innerhalb der Polizei, insbesondere der Schutzpolizei, vorliegen bzgl. der Aufgaben eines Opferschutzbeauftragten und den Möglichkeiten, einen Kontakt zu ihnen herzustellen. Dazu eine Anmerkung: Polizeilicher Opferschutz kann nur dann effektiv und zielführend umgesetzt werden, wenn die Opfer den vollen Umfang der ihnen zur Verfügung stehenden Hilfsmöglichkeiten auch ausschöpfen können. Das setzt jedoch voraus, dass

1. die Beamten des ersten Kontakts zum Thema Opferschutz ausgebildet werden und die Personalstellen und die Aufgaben des polizeilichen Opferschutzbeauftragten kennen und wissen, wann und wie der Kontakt herzustellen ist und

2. die Opfer eine generelle Kenntnis über die Existenz von Opferschutzbeauftragten bei der Polizei und deren Aufgabenbeschreibung haben.

Um diese „Lücken" zu schließen, kann neben der Ausbildung zum Thema Opferschutz in der Polizei bspw. eine Art jährlicher „Reminder" für den internen Gebrauch erarbeitet werden. Zwar sind viele der notwendigen Informationen mittlerweile auf den entsprechenden Internetseiten der Polizei abzurufen, doch hier und da bedarf es einiger Navigation, um die gesuchten Informationen zu finden. Mittels eines kurzen „Reminders" bspw. in Form eines kurzen PDF Dokuments, könnten alle Polizeibeamten im entsprechenden Bundesland schnell und unkompliziert erreicht und mit den wichtigsten Informationen zum polizeilichen Opferschutz versorgt werden. Sie erhalten so einen gefilterten Überblick über die neuesten Änderungen in Hinblick auf die diversen Opferrechte, können nochmals auf Verhaltensregeln im Umgang mit Kriminalitätsopfern hingewiesen werden und erhalten ohne Umwege die direkten Kontaktdaten des örtlich zuständigen Opferschutzbeauftragten. Auch kann nochmals auf Webseiten wie bspw. ODABS oder VIKTIM, hingewiesen werden.

Mit Blick auf die Informationsmöglichkeiten für die Opfer, können die heutigen Social-Media-Kanäle ebenso genutzt werden, wie ansprechende Präsentationen auf den landeseigenen Internetseiten der

Polizei. Aber auch entsprechende Hinweise in Printmedien sollten aufgrund der demografischen Entwicklung in Deutschland (noch) nicht gänzlich ausgespart werden. Der Bürger muss erfahren, dass die Polizei ein guter und vertrauenswürdiger Ansprechpartner ist, auch wenn das erste Anliegen des Bürgers gerade nicht die Strafverfolgung ist.

Sollte die Stelle des Opferschutzbeauftragten (nach wie vor) von einem Polizeivollzugsbeamten ausgeübt werden, so empfiehlt es sich, auf den entsprechenden Internetseiten deutlich auf dessen Strafverfolgungsverpflichtung hinzuweisen. Aktuell ist dieser Verweis auf keiner recherchierten Internetseite zu finden. Dies mag aus Sicht des möglichen „Abschreckens von Opfern" sinnvoll erscheinen, mit Hinblick auf eventuelle Folgen (s. oben) sollte ein solcher Hinweis jedoch nicht fehlen.

Auf einer älteren Version der Internetseite der Polizei Rheinland-Pfalz (2016/2017) war bspw. diesbezüglich unter dem Punkt „Opferschutz" auch folgender Satz zu lesen: „Polizei und Staatsanwaltschaft unterliegen aber auch der Strafverfolgungspflicht. Das bedeutet, dass bei Bekanntwerden einer Straftat Polizei und Staatsanwaltschaft Ermittlungen aufnehmen müssen. (Legalitätsprinzip)".

Wird die Position des Opferschutzbeauftragten ausschließlich von Personen ausgefüllt, die nicht dem Legalitätsprinzip unterliegen, so kann dieser Satz entfallen. Sobald jedoch – wenn auch nur in vertretender Position – ein Polizeibeamter als Opferschutzbeauftragter tätig wird, sollte dieser Hinweis so, oder so ähnlich, auf den Internetseiten zu lesen sein. Es wird daher angeregt, diesen Hinweis auf den entsprechenden Seiten der oben benannten Bundesländer zu hinterlegen.

7. Zusammenfassung

Inmitten einer strikten Strafverfolgungsverpflichtung sieht sich der häufig im Erstkontakt mit dem Opfer stehende Polizeibeamte – insbesondere der Schutzpolizist auf der Polizeiwache – immer wieder mit diversen Herausforderungen konfrontiert.

Ist ein Opfer nicht ausreichend über die Rolle der Polizei in puncto Opferschutz und über Verfahrensabläufe informiert, kann dies Folgen im weiteren Verlauf des Erstgesprächs haben. Insbesondere bei fehlender Kenntnis darüber, dass die Polizei gewissen Gesetzmäßigkeiten unterliegt und bei Informationsdefizit seitens des Opfers, ist der Polizeibeamte – im wahrsten Sinne des Wortes – mehr denn je gefordert, den Spagat zwischen Legalitätsprinzip und Opferschutz zu vollziehen, um eine sekundäre Viktimisierung zu vermeiden. Denn wird ein bekanntgewordener strafrechtlich relevanter Sachverhalt nicht von ihm zur Anzeige gebracht, verwirklicht er ggf. den Straftatbestand der Strafvereitelung im Amt und setzt sich strafrechtlichen sowie beamtenrechtlichen Konsequenzen aus. Wird der Legalitätsgrundsatz jedoch strikt befolgt, birgt dies die Gefahr einer sekundären Viktimisierung des Opfers und führt ggf. zu einem Vertrauensbruch, einem in der Zukunft veränderten Anzeigeverhalten und damit evtl. zu einem erhöhten Dunkelfeld.

Auch die innerhalb der „cop culture" nach wie vor vorherrschende „Jägermentalität" geht zu Lasten des Opferschutzes. Andererseits wird das Bild der mehr schützenden als verfolgenden Polizei von den Bürgern als bestehend vorausgesetzt. Wird diese Erwartungshaltung nicht erfüllt, kann dies eine sekundäre Viktimisierung von Opfern jedoch begünstigen. Folglich muss der „moderne Polizist" seine Handlungsmuster dahingehend anpassen, dass sie sowohl den staatlichen Regelungen, als auch den Erwartungen der Bürger/Opfer gerecht werden. Als Teil einer Gemeinschaft, die besonderen Gruppengesetzmäßigkeiten unterliegt, ist dies für die Polizisten eine besondere Herausforderung.

Eine weitere Herausforderung für die polizeiliche Aufgabenbewältigung im Spannungsfeld Legalitätsprinzip vs. Opferschutz und Opferhilfe besteht in der Schwerpunktsetzung der polizeilichen Ausbildung. Die Kriminalwissenschaften, insbesondere die Kriminologie und deren Teilbereich der Viktimologie, sind in den hier exemplarisch dargestellten Curricula im Vergleich zu anderen Fächern weit weniger vertreten. In Hinblick darauf, dass die Polizei originär eine Gefahrenabwehrbehörde ist, kann diese Verteilung nicht ganz nachvollzogen werden.

Resultierend aus dieser „Schieflage der Wissensvermittlung", können sich bei den jungen, sich in Ausbildung befindenden Polizeibeamten bereits frühzeitig Handlungsmuster herauskristallisieren, die

Zusammenfassung

sich nachteilig für die Opfer auswirken können. Ohne ein rechtzeitig angelegtes Bewusstsein, dass sowohl die „Säule des Jagens" als auch die „Säule des Schützens" wichtig für ein stabiles und ausgewogenes Konstrukt polizeilicher Arbeit ist, wird jede Bemühung den polizeilichen Opferschutz zu optimieren ad absurdum geführt.

Und auch die derzeitige Situation, dass bundesweit überwiegend Polizeivollzugsbeamte die Funktion des polizeilichen Opferschutzbeauftragten bekleiden, ist wenig förderlich um das Spannungsfeld zwischen Legalitätsprinzip und Opferschutz/Opferhilfe zu entspannen. Mit einer Besetzung dieser Stellen durch Fachkräfte anderer Disziplinen kann diesem Dilemma wirkungsvoll begegnet werden. Hieraus ergäbe sich für die hilfesuchenden Bürger ein bedeutsamer Vorteil, da der Opferschutzbeauftragte nun in seinen Handlungen frei und nicht dem Legalitätsprinzip unterworfen ist. Aufgrund seiner Neutralität, seiner Fachkompetenz und den mannigfaltigen Hilfemöglichkeiten kann es so gelingen, eine sekundäre Viktimisierung des Opfers zu vermeiden. Darüber hinaus ist der Umstand der Neutralität auch für den Opferschutzbeauftragten selbst von Vorteil, da er sich zunächst voll auf das Opfer und seine Wünsche und Bedürfnisse konzentrieren kann. Durch die Loslösung des Opferschutzbeauftragten vom Legalitätsgrundsatz trägt dieser Lösungsansatz zusätzlich zur Wahrung der Opferinteressen und somit zum Schutz des Opfers bei.

VI. Weitere Lösungsansätze zur Optimierung des (polizeilichen) Opferschutzes

Neben den bis hierher bereits formulierten Herausforderungen für die polizeiliche Aufgabenbewältigung im Spannungsfeld zwischen Legalitätsprinzip und Opferschutz/Opferhilfe und den dazu vorgestellten Handlungsempfehlungen, werden nachfolgend weitere Lösungsansätze dargelegt. Diese Ansätze greifen insbesondere nochmal die einleitend formulierte Fragestellung auf, welchen zusätzlich unterstützenden Beitrag die Polizei zur Entlastung des Spannungsverhältnisses zwischen Legalitätsprinzip und Opferschutz/Opferhilfe leisten kann.

1. Einrichtungen im Ausland – ein Blick über den Tellerrand

Im Zuge der allgemeinen Globalisierung erscheint es angebracht, zunächst einen kurzen Blick über den Tellerrand zu wagen und sich diesbezüglich Modelle der Polizeiarbeit mit Schwerpunkt Opferschutz/Opferhilfe in anderen Ländern anzusehen. Möglicherweise ergeben sich hieraus Ansätze für in Deutschland umsetzbare Lösungen.

Mit Blick auf die Modelle anderer Länder wird deutlich, dass die wenigsten europäischen Staaten überhaupt ein Legalitätsprinzip haben.[305] Lediglich in Österreich und in der Schweiz ist das Legalitätsprinzip – ähnlich wie in Deutschland – ein rechtsstaatliches Grundprinzip der Bundesverfassung. Die praktizierten Verfahrensweisen mit Opfern in Ländern, die kein Legalitätsprinzip haben, sind nur bedingt auf Deutschland anwendbar bzw. bedürfen im Einzelnen einer Überprüfung hinsichtlich einer Kompatibilität mit dem in Deutschland geltenden Legalitätsgrundsatz. Dennoch können aus den nachfolgend exemplarisch vorgestellten Modellprojekten anderer Länder Erkenntnisse für einen verbesserten Opferschutz gewonnen werden. Diese fließen anschließend in die Überlegungen neuer Lösungsansätze für Deutschland ein.

---

305 Vgl. *Deiters* 2006, S. 23 und S. 270 ff.

In England, Wales und Schweden werden bspw. umfangreiche und einfach formulierte Informationsbroschüren sowie klar und gut strukturierte Websites verwandt, um Opfer umfassend über mögliche Hilfeangebote zu informieren.[306] Durch diese Infobroschüren und Websites soll das bestehende Informationsdefizit bei den Betroffenen geschlossen werden. Dergestalt können sich Bürger über verschiedene Präventionsmaßnahmen und aktuelle Kriminalitätsphänomene informieren und zugleich erfahren, an welche Stelle sie sich im Falle einer Opferwerdung wenden können. Die Benutzung der Websites setzt dabei als logische Konsequenz einen Internetzugang, Kenntnisse über dessen Benutzung sowie Kenntnisse der jeweiligen Sprache voraus.

Im restlichen Großbritannien versucht man eine Opferbetreuung über das Medium Internet; das Justizministerium veröffentlichte ein 25-minütiges Video, das den Zuschauer Schritt für Schritt durch den Prozess eines Strafverfahrens führt und erläutert. Dieser Film ist in vielen verschiedenen Sprachen verfügbar, so dass eine „breite Masse" an Opfern erreicht werden kann.[306]

In den Niederlanden wurde 1984 die Opferhilfeeinrichtung „Slachtofferhulp" gegründet. Sie ist landesweit in 85 Orten in den Niederlanden vertreten und u.a. bei der Staatsanwaltschaft und der Polizeistation „Singel" im Zentrum von Amsterdam angesiedelt.[307] Durch die räumliche Zusammenlegung der am Strafprozess beteiligten Akteure wird eine zügige und zentralgeführte Opferhilfe ermöglicht. Die kurzen Wege und die Kooperationsbereitschaft der beteiligten Akteure werden in Bezug auf die Opferhilfeeinrichtung „Slachtofferhulp" als sehr effektiv beschrieben.[307] Über diese Kooperation hinaus ist einer interaktiven Website (www.slachtofferhulp.nl) entstanden, die Opfern jedweder Art zur Verfügung steht. Neben allgemeinen Informationen kann man sich auf der Homepage als User registrieren und einloggen. Mittels dieser Registrierung können sich Opfer bspw. von zu Hause aus aktuelle Informationen zu ihrem Prozess einholen oder neue Verhandlungstermine einsehen. Sogar ganze Prozessakten sollen so passwortgeschützt den Opfern zugänglich gemacht werden.[307]

---

306 Vgl. United Nations Development Programme 2014, S. 15.
307 Vgl. Paritätischer Wohlfahrtsverband Landesverband Berlin e.V. 2014, S. 8-10.

Ebenfalls in Amsterdam wurde im Jahr 2010 der „Stichting Strafrechtswinkel Amsterdam" (SSWA) gegründet. Die SSWA ist eine unabhängige Non-Profit-Organisation, die für alle Bürger eine kostenlose Rechtsberatung zu administrativen und strafrechtlichen Fragen anbietet. Geführt wird die SSWA überwiegend von Studenten, aber auch von Fachkräften. Sie helfen bei der Lösung juristischer Probleme, beantworten Fragen zu den oben genannten Bereichen und leiten Betroffene bei Bedarf auch an andere Organisationen weiter.[308]

Mit dem Ziel, den Bürgern das Justizwesen näher zu bringen, wurden in Frankreich die „Maisons de Justice et du Droit" ins Leben gerufen.[309] In diesen bereits 140 landesweit verbreiteten Einrichtungen arbeiten Richter, Amtspersonen, Polizisten, Sozialarbeiter sowie NGOs gemeinsam daran, Straftaten zu verhüten und Opfer zu schützen. Die Zusammenführung verschiedener Fachkompetenzen unter einem Dach führt nicht nur zu verbesserten Arbeitsabläufen, sondern erspart dem Hilfesuchenden auch zahlreiche Wege zu unterschiedlichen Behörden und Einrichtungen. Darüber hinaus wird mittels thematisch aufgebauter Hotlines den Betroffenen eine kostenlose, vertrauliche und kompetente Rechtsberatung angeboten.[309]

Über die hier nur beispielhaft genannten Einrichtungen und Projekte hinaus, werden vielerorts auch diverse Telefonhotlines für Betroffene angeboten. Durch die EU-Kommission werden europaweit Rufnummern, die mit 116 beginnen, an Einrichtungen von sozialem Wert vergeben.[310] Diese Hotlines sind in vielen europäischen Ländern zu erreichen, auch in Deutschland.

Alle vorgestellten Modelle bzw. Einrichtungen stellen Ansätze dar, den Opferschutz zu stärken. Bei einer ersten, groben Betrachtung der hier exemplarisch vorgestellten Modelle fällt auf, dass der in Deutschland geltende Legalitätsgrundsatz keinem dieser Modelle grundsätzlich entgegensteht. Allerdings wäre eine nähere Betrachtung der individuellen Umsetzung der Projekte bzw. der Organisation der jeweiligen Einrichtungen notwendig, um eine Kollision mit dem Legalitäts-

---

308 S. https://www.strafrechtswinkelamsterdam.nl/ (derzeit ist keine deutsche Übersetzung verfügbar).
309 Vgl. United Nations Development Programme 2014, S. 17-18.
310 Vgl. Bundesnetzagentur 2010, S. 1.

prinzip gänzlich ausschließen zu können. Auch müssten die Modelle auf die hier geltenden Regularien hinsichtlich des Datenschutzes überprüft werden.

Mit diesem kurzen Blick über die deutschen Grenzen hinweg und unter Einbeziehung der ausländischen Modelle, werden nachfolgend drei zusätzlich unterstützende Lösungsansätze vorgestellt. Unter Bezugnahme auf die bereits im Vorfeld näher eingegangenen Herausforderungen bieten diese Ansätze weitere Lösungen an, mit deren Hilfe das Spannungsfeld zwischen Legalitätsprinzip und Opferschutz/Opferhilfe noch mehr entspannt werden kann.

2. Haus des Opferschutzes und der Opferhilfe (HdOO)

Die landesweit in Frankreich verbreiteten Einrichtungen der „Maisons de Justice et du Droit" sowie die „Slachtofferhulp" in den Niederlanden sind entfernt mit dem seit einigen Jahren in Deutschland existierenden „Häusern des Jugendrechts" vergleichbar. Ein „Haus des Jugendrechts" vereint unterschiedliche Kompetenzen unter einem Dach.

Als im Jahr 1999 das erste „Haus des Jugendrechts" in Stuttgart-Bad Cannstatt als bundesweit erstes Modellprojekt seine Arbeit aufnahm, begann ein neuer Weg im Umgang mit der Jugenddelinquenz – sowohl in Bezug auf die Sanktionierung als auch in Bezug auf die Präventionsarbeit.[311] Durch die Vereinigung von Polizei, Staatsanwaltschaft, Jugendamt und Amtsgericht unter einem Dach wurde eine neue Kultur der Zusammenarbeit geschaffen. So konnten nicht nur Erfahrungen und Wissen berufsübergreifend auf zügigem Weg miteinander geteilt werden. Die räumlich bedingte interdisziplinäre Verknüpfung trug auch dazu bei, über den eigenen Horizont hinauszuschauen und sich mit den gesetzlichen Voraussetzungen und den Gepflogenheiten der jeweils anderen Institutionen näher auseinanderzusetzen.[311] Resultate dieser damals neuartigen Modellidee sind heute eine spürbare Optimierung von Verfahrensabläufen und eine daraus hervorgehende Beschleunigung der Verfahren, ein verbesserter

---

311 Vgl. Haus des Jugendrechts 2009, S. 5.

Kontakt zwischen allen Akteuren vom „Haus des Jugendrechts", der Bevölkerung, der jungen Menschen sowie Schulen und Jugendeinrichtungen und eine Übernahme des Konzepts durch weitere Städte, landes- und bundesweit.[312]

Die Modelle „Maisons de Justice et du Droit", die Opferhilfeeinrichtung „Schlachtofferhulp" und das „Haus des Jugendrechts" haben eines gemeinsam: sie zeigen, dass eine Zusammenführung von Staatsanwaltschaft, Polizei, Opferhilfeeinrichtung, Jugendamt und die Zusammenarbeit von Strafverfolgungsbeamten mit Sozialarbeitern und Psychologen unter einem gemeinsamen Dach viele positive Veränderungen mit sich bringt. Verbindet man die Vorteile dieser Modelle mit dem Opferschutzgedanken, so entsteht daraus eine Konzeptidee, die nachfolgend als „Haus des Opferschutzes und der Opferhilfe" (HdOO) bezeichnet wird.

Das HdOO stellt eine besondere Opferhilfeeinrichtung dar. Bedingt durch eine enge interdisziplinäre Zusammenarbeit kann dem Opfer allumfassend und individuell passende Hilfe geboten werden: von dem „nur Zuhören" und einer Beratung, vom seelischen Betreuen und Begleiten bis hin zur Strafanzeige und juristischem Beistand im Strafverfahren. In einem solchen Haus sollten insbesondere Staatsanwaltschaft und Polizei sowie hauptamtliche und professionelle Vertreter ortsansässiger Opferhilfeeinrichtungen und Sozialarbeiter und/oder Psychologen vertreten sein. Im Rahmen einer „Willkommenskultur" sollte jedem, der Hilfe, Rat und Beistand sucht, dies im Rahmen der personellen Möglichkeiten gewährt werden. Allerdings muss in Hinblick auf das in Deutschland geltende Legalitätsprinzip bei einer ersten Kontaktaufnahme durch ein Opfer sichergestellt sein, dass nicht ein Vertreter der Polizei oder der Staatsanwaltschaft die Erstberatung des Opfers durchführt.[313] Ein hauptamtlicher und professioneller Mitarbeiter einer örtlichen Opferhilfeeinrichtung oder ein Sozialarbeiter, ein Psychologe oder der polizeiliche Opferschutzbeauftragte, der nicht Polizeibeamter ist, müsste das Erstgespräch führen. Nur eine Person, die nicht dem Legalitätsprinzip unterliegt, kann das Opfer beraten, ohne gezwungenermaßen eine Anzeige aufnehmen zu müssen.

---

312 Vgl. Haus des Jugendrechts 2009, S. 5.
313 S. hierzu Kapitel V.6.

Das Opfer wird über seine Rechte und Pflichten im Strafverfahren ausführlich informiert und auf die Schwierigkeiten, aber auch die Möglichkeiten, die mit einer Anzeige einhergehen können, vorbereitet. Ergeben sich innerhalb des Gesprächs z.b. rechtliche Fragen oder andere Probleme, die der Mitarbeiter allein nicht lösen oder entscheiden kann, so kann er auf kurzem Weg einen Polizeibeamten oder Staatsanwalt um Rat ersuchen. Ist trotz einer umfassenden Beratung das Opfer noch nicht bereit, das Geschehene zur Anzeige zu bringen, so liegt dies allein in dessen Entscheidungsmacht. Der Mitarbeiter (Sozialarbeiter/Psychologe etc.) kann dem Opfer dann weitere Hilfsangebote unterbreiten. Diese können weitere Gespräche mit ihm sein oder auch eine Vermittlung an einen Psychotherapeuten. Schrittweise kann sich das Opfer der Entscheidung die Tat anzuzeigen, nähern. Eine solche Vorgehensweise trägt zu einer frühzeitigen Stabilisierung des Opfers bei und verringert die Gefahr einer sekundären Viktimisierung.

Best Practice – Ein **Beispiel** aus Rheinland-Pfalz:

Forensische Ambulanz – Rechtsmedizinische Hilfe nach körperlicher und sexualisierter Gewalt[314]

Seit 2007 werden in der forensischen Ambulanz am Institut für Rechtsmedizin Mainz in Rheinland-Pfalz Opfer von Gewalttaten unentgeltlich untersucht und Verletzungen gerichtsverwertbar dokumentiert. Dabei ist es unerheblich, ob die Betroffenen bereits eine Anzeige bei der Polizei erstattet haben. Vielmehr richtet sich das Angebot gerade auch an solche Opfer, die sich einer Anzeigenerstattung noch nicht sicher sind, Verletzungen jedoch fachmännisch dokumentiert wissen möchten. Die gesicherten Spuren und Befunde werden für die Dauer von 5 Jahren aufbewahrt und können so im Falle eines späteren Anzeigewunsches immer noch ins Strafverfahren eingebracht werden. Die behandelnden Ärzte unterliegen der Schweigepflicht; ohne die Zustimmung des Patienten erfolgt keine Weitergabe der Informationen an die Polizei.

Die Einrichtung einer solchen forensischen Ambulanz unterstützt den Gedanken eines HdOO: Opfern wird die Chance gegeben selbstbestimmt über den weiteren Verlauf mit dem Erlebten zu entscheiden. Dabei werden sie fachmännisch beraten, unterstützt und begleitet.

Erfährt ein Opfer bei einem Besuch im HdOO von einer Einrichtung wie der forensischen Ambulanz in Mainz, kann dies ein erster Schritt zur Hilfe

---

314 S. hierzu Universitätsmedizin Mainz – Institut für Rechtsmedizin (online).

und Auseinandersetzung mit dem Geschehen sein. Der Umstand, dass gerichtsverwertbare Spuren gesichert werden, jedoch zunächst keine Anzeige erfolgen muss, kann maßgeblich zum Stärkungsprozess des Opfers beitragen und eine sekundäre Viktimisierung verhindern. In Verbindung mit der selbstbestimmten Nutzung einer forensischen Ambulanz zeigt sich ein weiterer Vorteil eines nicht an das Legalitätsprinzip gebundenen ersten Ansprechpartners.

Anmerkung: Bundesweit gibt es verschiedene Angebote, die dem der forensischen Ambulanz in Mainz ähnlich sind. Einige dieser Angebote sprechen allerdings insbesondere Opfer von Sexualstraftaten an – hier wäre ein etwas allgemeinerer Rahmen, wie dies bei der forensischen Ambulanz in Mainz der Fall ist, wünschenswert. Jedes Opfer sollte nach einer Gewalterfahrung in einer forensischen Ambulanz Hilfe finden können, unabhängig von der Art und Weise der Tatausführung oder auch des Geschlechts des Opfers. Denn eine „Spezialisierung" und Benennung dieser auf einer Homepage oder einem Flyer, kann Opfer davon abhalten Hilfe zu suchen. Möglicherweise glauben sie als Opfer rein körperlicher Gewalt kein Anrecht auf den Besuch einer Klinik zu haben, die laut Internetauftritt (nur)Verletzungen von Opfern einer Sexualstraftat dokumentiert.

Ist das Opfer durch einen Mitarbeiter im HdOO, der nicht dem Legalitätsprinzip verpflichtet ist, ausreichend informiert und stabilisiert und aufgrund dessen bereit, den nächsten Schritt in Richtung Aufgabe einer Strafanzeige zu tätigen, so kann das Opfer auf kurzem Wege direkt an die im Haus ansässigen Polizeibeamten weitervermittelt werden. Der Aspekt, dass das Opfer durch den Mitarbeiter quasi persönlich an den Polizeibeamten „übergeben" wird, kann für das Opfer eine spürbare Entlastung bedeuten. Mitunter hat sich zwischen dem Mitarbeiter und dem Opfer bereits ein Vertrauensverhältnis aufgebaut. Möglicherweise hätte das Opfer alleine nicht den Mut aufgebracht, sich erneut einem fremden Menschen anzuvertrauen. Durch die persönliche „Übergabe" kann diese Hürde zumindest leichter genommen werden. Aber auch in Hinblick auf eine eventuelle nachfolgende Kontaktaufnahme von Seiten des Opfers mit einem Kooperationspartner im HdOO ist ein zuvor persönlich aufgebauter Kontakt zu einem beratenden Mitarbeiter hilfreich.

Bemerkt der Polizeibeamte während der Anzeigenaufnahme, dass das Opfer bei der erneuten intensiven Auseinandersetzung mit der Tat Schwierigkeiten bekommt, kann er über einen kurzen Kontakt mit anderen Mitarbeitern im Haus eine Vermittlung an weiterführende Anlaufadressen – bspw. die Überführung an eine Traumaambulanz, zu einem Psychotherapeuten oder in eine psychiatrische Klinik – besprechen und in die Wege leiten. An dieser Stelle erfolgt auf der Polizeiwache oft nur eine routinemäßige Aushändigung des Opfermerkblattes. Allerdings wird die rein juristische Sprache der Blätter aufgrund der inneren Anspannung der Opfer, von diesen regelmäßig nicht verstanden.[315] Das persönliche Gespräch und die individuelle Beratung können für das Opfer jedoch wieder eine Entlastung bedeuten und zu seiner besseren Stabilität beitragen.

Aufgrund der räumlichen Nähe im selben Haus und der persönlichen „Übergabe" des Opfers an die Polizei, bleibt es dem Opfer auch erspart, sich in eine Warteschlange von vorgeladenen Menschen (evtl. auch Tätern) einreihen zu müssen. Im HdOO steht einzig und allein das Opfer im Mittelpunkt aller dort arbeitenden Akteure. Eine Konfrontation mit einem Täter ist hier nicht zu befürchten.

Der persönliche Umgang, das Führen und Begleiten, vermittelt dem Opfer, dass es als Subjekt im Strafverfahren geachtet wird und nicht nur traumatisiertes Opfer ist, das auf der Polizeiwache z.B. zwischen einer Ingewahrsamnahme eines notorischen Trinkers und einer Vernehmung eines Betäubungsmittelkonsumenten „mal ebenso" auf der Wache zur Sache vernommen wird – ohne Berücksichtigung der besonderen Umstände und Belastungen.

Baulich betrachtet sollte das HdOO an die nächste Polizeidienststelle[316] angegliedert sein. Gleichzeitig sollte das HdOO über einen separaten Eingang verfügen, welcher nicht von den regulären Besuchern der Polizeiwache genutzt wird. Opfer, welche sich an das HdOO wenden, müssen sich einer gewissen „Diskretion" gewiss sein können. Bürobereiche für Beratung und Hilfe (d.h. bspw. Büros der Psychologen, Sozialarbeiter, polizeilichen Opferschutzbeauftragten etc.) sollten mittels einer blickdichten und mit Durchgangsbeschränkung gesicherten Tür von den Bürobereichen der mitansässigen Staatsanwälte und Polizeibeamten abgetrennt sein. Strenggenommen kann das HdOO damit in einen „Opferbereich" und einen „allgemeinen Bereich/Täterbereich" unterteilt werden. Opfer müssen darauf vertrau-

---

315 Vgl. *Haupt u. a.* 2003, S. 93.
316 Je nach Struktur des Bundeslandes sollte ein HdOO an jeder größeren Dienststelle, bzw. geographisch gut verteilt zu finden sein.

en können, dass sie ihrem Täter im HdOO nicht (per Zufall) geradewegs in die Arme laufen.

Im Sinne eines ganzheitlichen Ermittlungsverfahrens sollte auch gewährleistet sein, dass ein Sachverhalt von möglichst nur einem Polizeibeamten bearbeitet wird.[317] Die Ermittlungsführung sollte nicht zwischen zwei Beamten – einer für den Beschuldigten und einer für das Opfer – aufgeteilt werden. Der Ermittlungsbeamte sollte sich sowohl ein Bild vom Opfer, als auch vom Täter machen können. Aufgrund der angebrachten räumlichen Unterteilung in „Opferbereich" und „Täterbereich" kommt das Büro des ermittelnden Polizeibeamten somit nur für einen der beiden Tatbeteiligten als Vernehmungszimmer in Frage. Berücksichtigt man die Tatsache, dass eine angenehme Vernehmungsumgebung und Atmosphäre[318] insbesondere für manche Opfer durchaus maßgeblich sein können, ist es logische Konsequenz, dass im „Opferbereich" ausreichend Räumlichkeiten zu diesem Zweck zur Verfügung stehen sollten. Die Vergabe der Räume erfolgt nach Terminplan oder, falls möglich, spontan. Die Büroräume der ermittelnden Polizeibeamten stehen für die alltägliche Ermittlungsarbeit sowie für die Vernehmung von Tätern zur Verfügung. Täter sollten zu keinem Zeitpunkt den „Opferbereich" betreten.

Kurze Kommunikationswege, Kooperationsbereitschaft zwischen den beteiligten Akteuren, persönliche „Übergaben", adäquate und ausführliche Beratung ohne extremen Zeitdruck aufgrund nachfolgender Einsatzlagen, Privatheit und ein sensibler Umgang sind nur einige der Vorteile, die sich aus der räumlichen Zusammenlegung unterschiedlicher Disziplinen in einem HdOO ergeben. Es kann sich ein Netzwerk des Opferschutzes und der Opferhilfe sowie aller daran beteiligter Akteure bilden, das in der Lage ist ein Opfer bei Verletzungen jeglicher Art adäquat aufzufangen. Eine gute Kooperation aller am Opferschutz und der Opferhilfe beteiligten Akteure ist für eine gelungene Opferhilfe unverzichtbar.[319] Nur so werden betroffenen Menschen in ihrer Opferrolle ernstgenommen, finden Gehör und Beachtung für ihre opferspezifischen Probleme und erfahren konkrete und gezielte Hilfe.

---

317 Ausnahmen können sich aufgrund Urlaubsvertretung oder im Krankheitsfall ergeben, sollten jedoch nicht die Regel sein.
318 S. hierzu Kapitel IV.2.1.
319 Vgl. *Priet* 2010, S. 163.

Durch die Zusammenarbeit mit den unterschiedlichen Kooperationspartnern innerhalb des Modells HdOO wird ein Synergieeffekt geschaffen, der das Dilemma des polizeilichen Arbeitens zwischen Handeln nach dem Legalitätsprinzip auf der einen und Opferschutz-Aufgaben auf der anderen Seite lösen kann. Der Polizeibeamte gerät in keinerlei Gewissenskonflikt, denn er wird erst dann tätig, wenn das Opfer ausreichend informiert, aufgeklärt und auf den weiteren Verlauf des Strafverfahrens vorbereitet ist.

Durch die Vorschaltung von Berufsgruppen, die nicht dem Legalitätsprinzip unterliegen, wird der Polizei ihr Auftrag zum Opferschutz jedoch nicht entzogen. Dieser gilt natürlich auch weiterhin für jeden Polizeibeamten bei jedem polizeilichen Handeln. Aber mit Installation eines HdOO kann dem Opfer ein angemessener erster Kontakt ermöglicht werden und die Polizei kann ihrer Strafverfolgungsverpflichtung in zweiter Instanz nachkommen.

Jene Polizeibeamten, die momentan Aufgaben eines Opferschutzbeauftragten wahrnehmen, können in das HdOO nahtlos integriert werden und ihre besondere fachliche Kompetenz kann die interdisziplinäre Zusammenarbeit zusätzlich fördern. Alle weiteren Aufgaben, insbesondere im Zusammenhang mit der Prävention bleiben auch weiterhin Bestandteil des polizeilichen Opferschutzes. Für die wenigen Opferschutzbeauftragten, die keine Polizeibeamten sind, ergibt sich keinerlei Veränderung in ihren Aufgaben; sie rücken in einem gemeinsamen Haus nur räumlich näher an die Polizei, die Staatsanwaltschaft und die Vertreter der Opferhilfeeinrichtungen heran.

Aufgrund der interdisziplinäre Zusammenarbeit aller Berufsgruppen und dem dadurch entstehenden Austausch von Fachwissen und besonderen Kenntnissen können bestehende Wissenslücken aufgefangen und fachspezifische Fragen schneller geklärt werden. Zudem kann eine Einrichtung und landes- und bundesweite Etablierung vom HdOO auch eine Art Signalwirkung bzw. einen positiven Einfluss darauf ausüben, dass sich die Einstellung und das Selbstverständnis eines jeden Polizeibeamten verändert: von einer Betonung der Strafverfolgung hin in ein ausgewogenes Verhältnis zwischen Strafverfolgung und Opferschutz.

Beide Parteien – Polizei und Opfer – profitieren von der Einrichtung eines HdOO. Der Polizeibeamte sieht sich nicht mehr in der Misere entweder nach dem Legalitätsprinzip handeln zu müssen oder sich ggf. gem. § 258a StGB strafbar zu machen. Für das Opfer verbessert sich sein Kenntnisstand und verringert sich der Grad der Viktimisierung. Das wiederum kann dazu beitragen, dass das Opfer für den weiteren Verlauf des Strafprozesses stabilisiert wird und es im konkreten Verfahren zu einer Verurteilung des Täters kommt, was wiederum das Vertrauen des Opfers als auch der gesamten Bevölkerung in die Gültigkeit der Rechtsnormen stärkt. Für zukünftige Verfahren kann sich zudem die Anzeigebereitschaft maßgeblich verbessern, was zu einer Aufhellung des Dunkelfelds beiträgt.

Ein weiterer positiv zu nennender Aspekt mit Blick auf die Einrichtung eines HdOO kann zudem sein, dass die bereits bei Opferhilfeeinrichtungen häufig genutzte Methode der Supervision auch in den Bereich der polizeilichen Arbeit einfließen kann. Insbesondere in den Arbeitsschwerpunkten von Todesermittlungssachen, Gewalt gegen Frauen und Kinder/Sexualdelikten sowie Kapitalverbrechen kann das Mittel der Supervision dazu beitragen, eigenes Handeln immer wieder neu zu reflektieren und so die Qualität der Arbeit, aber auch die Qualität des Opferschutzes auf einem gleichbleibend hohen Niveau zu halten. Denn gerade in Arbeitsbereichen, in denen man tagtäglich von den Abgründen des menschlichen Handelns umgeben ist, können bei den Polizeibeamten Abstumpfungsmechanismen zum Selbstschutz entstehen. Nicht unbedingt gewollt, aber unbewusst wird dann einem Opfer möglicherweise nicht die Würdigung zu teil, die es dem Grunde nach verdient. Supervision kann dabei helfen, sich dessen bewusst zu werden und sich zum Wohle der Opfer immer wieder im eigenen Handeln neu aufzustellen.

Die Einrichtung HdOO entspannt nicht nur die Polarität zwischen Legalitätsprinzip und Opferschutz und Opferhilfe und trägt zu einer verbesserten Opferbetreuung bei. Auch werden Mindestanforderungen des „ado" erfüllt, wie die Forderung nach Priorität der Opferbedürfnisse, die Möglichkeit einer allumfassenden Beratung, losgelöst von einer Anzeigenerstattung, Möglichkeiten der Vertraulichkeit und Abgrenzung von Tätern sowie die Anforderungen an die besonderen beruflichen Qualifikationen des ausübenden Personals. In diesem Kontext bildet das HdOO das Dach, welches die „Säule des Jagens" und die „Säule des Schützens" zu einem stabilen Konstrukt verbindet.

Mit weiterführenden Fragen der konkreten finanziellen, politischen und kompetenzrechtlichen Umsetzung eines solchen gemeinsam genutzten Gebäudes sowie der regionalen Verteilung solcher Einrichtungen wird sich an dieser Stelle nicht weiter beschäftigt, da dies den Rahmen des vorliegenden Handbuchs überschreiten würde. Es sei jedoch erwähnt, dass die psychosoziale Betreuung von Straftätern vom Staat finanziell unterstützt und getragen wird; daher sollte auch die personelle und professionelle Betreuung des Kriminalitätsopfers vom Staat (teil-)finanziert werden.[320]

Best Practice – **Ein Beispiel** aus Nordrhein-Westfalen:

DialogHaus – Opferhilfe Duisburg

Im Jahr 2019 gründet sich die AG Opferhilfe Duisburg als Arbeitsgruppe des Arbeitskreises Kriminalitätsvorbeugung Duisburg.[321] Ende 2019 wird durch die AG das Netzwerk „DialogHaus – Opferhilfe Duisburg" ins Leben gerufen. Dieses Netzwerk bündelt unter einer gemeinsamen Homepage die verschiedenen Opferhilfeangebote der Stadt und bildet eine Kooperationsplattform von Organisationen der Opferhilfe, der Staatsanwaltschaft und der Polizei.

Ziel ist es, Hilfesuchenden und Betroffenen eine schnelle und einfache Übersicht über die möglichen Hilfsangebote der Stadt Duisburg zu geben und wichtige Informationen und Kontaktdaten gebündelt zur Verfügung zu stellen.

In einem weiteren Schritt ist es Ziel, neben dem bis dato virtuellen Dialog-Haus, auch ein reales Gebäude, das sogenannten „DialogHaus Duisburg", zu realisieren.[321][322]

Die Idee zum DialogHaus Duisburg entspricht im Grundsatz der hier vorgestellten Idee des HdOO und zielt gleichfalls darauf ab, alle lokalen Hilfsangebote und Akteure des Opferschutzes und der Opferhilfe unter einem Dach zu vereinen um Hilfesuchenden und Betroffenen eine zentrale Anlaufstelle bieten zu können.

---

[320] Vgl. *Hartmann*/ado e.V. 2010, S. 21.
[321] Weitere Informationen zum „DialogHaus – Opferhilfe Duisburg": https://www.dialoghaus-duisburg.de (28.2.2021).
[322] Vgl. *Fiedeler* 2020, S. 122.

3. Informationsquellen für Beratungssuchende und Polizeibeamte

In den vorherigen Kapiteln wurde bereits darauf eingegangen, dass Opfer durch eine Tat unterschiedlich belastet werden und jedes Opfer anders mit diesen erlebten Belastungen umgeht. Die verschiedenen Opferbedürfnisse und Opferwünsche stellen diverse Anforderungen und Erwartungen an die Akteure des Opferschutzes und der Opferhilfe.[323] Können weder das HdOO noch die Stelle eines neutralen Opferschutzbeauftragten realisiert werden, so sollten zumindest verschiedene Broschüren und Flyer – natürlich auch in digitaler Form – die unterschiedlichen Opfertypen über vorhandene Beratungs- und Schutzmöglichkeiten aufklären, ihnen gezielt Ansprechpartner nennen und allgemein über Rechte und Pflichten als Opfer einer Straftat aufklären und auf mögliche Auswirkungen hinweisen.

3.1 Informationsmöglichkeiten für Beratungssuchende

In Deutschland existiert eine schier unüberblickbare Anzahl an Internetseiten, Flyern, Broschüren, Plakaten und sonstigen Informationsmaterialien, die sich mit Themen des Opferschutzes und der Opferhilfe befassen. Sehr oft verfügt jede sich mit Opferschutz- bzw. Opferhilfethemen befassende Organisation über ihr eigenes Informationsportfolio. Bei der Betrachtung einiger Broschüren aber auch Internetauftritte fällt allerdings auf, dass die Inhalte teilweise schwer verständlich und wenig opferorientiert verfasst sind. Dies kann Opfer eher abschrecken, als sie darin bestärken, weitere Schritte einzuleiten. Neben materiellen und physischen Schäden durch die Tat sind Opfer meist auch psychisch belastet, teilweise sogar traumatisiert. Sie sind nicht in der Verfassung, sich mittels verfügbarer Übersetzungsprogramme die Internetseiten in eine passende Sprache zu übersetzen, komplizierte juristische Formulierungen, zitierte Gesetzestexte oder Paragrafen zu erfassen oder gar die daraus resultierenden Folgen zu verstehen.[324]

Als ein Beispiel für eine (zunächst) weniger gelungene Broschüre soll hier das vom Bundesministerium der Justiz und für Verbraucher-

---
323 Vgl. *Leuschner/Schwanengel* 2015, S. 32.
324 Vgl. *Märkert* 2016, S. 12.

schutz herausgegebene und bundesweit eingesetzte Merkblatt für Opfer einer Straftat[325], kurz Opfermerkblatt besprochen werden, das bis zur Neuauflage im Juli 2016[326] gültig war. Diese Fassung des offiziellen Informationsschreibens für alle Opfer einer Straftat enthielt – entgegen des nun aktuell gültigen Merkblattes – äußerst komplizierte Formulierungen. Mit der Überarbeitung zum Februar 2017 ist das Merkblatt inzwischen deutlich einfacher zu lesen. Dieser Wandel ist erfreulich, da eine effektive Wahrnehmung von Informationen über Rechte für Opfer von Straftaten nur dann möglich ist, wenn die Texte auch vom Opfer verstanden werden.[327] Denn auch nur dann sind die Texte im weiteren Hilfeprozess auch nützlich. Das Verständnis ist zwingend notwendig, insbesondere dann, wenn ein Beratungsgespräch nicht automatisch zu einer Anzeige führen soll. Daher bedarf es einfacher und klarer Formulierungen. Auf juristische und polizeiliche Fachtermini sollte verzichtet werden. Ebenso sollten direkte Hinweise auf neutrale, aber persönliche Beratungsstellen in der Region sowie Rufnummern für eine anonyme Beratung in den Merkblättern vorzufinden sein. Es sollte allerdings auch gewährleistet sein, dass diese Kontakte tatsächlich unter den abgedruckten Rufnummern oder Mailanschriften erreicht werden können. Zudem steht außer Frage, dass in unserer multikulturellen Gesellschaft die Merkblätter und Broschüren in unterschiedlichen Sprachen verfasst sein müssen. Aktuell ist das Merkblatt in 30 Sprachen verfügbar.

Aktuell verfügbare Sprachen des Merkblatts für Opfer von Straftaten:		
1. Albanisch	11. Italienisch	21. Serbisch
2. Albanisch	12. Kroatisch	22. Slowakisch
3. Armenisch	13. Lettisch	23. Spanisch
4. Bulgarisch	14. Litauisch	24. Somali
5. Deutsch	15. Niederländisch	25. Tirinya
6. Englisch	16. Paschtu	26. Tschechisch
7. Farsi	17. Polnisch	27. Türkisch
8. Französisch	18. Portugiesisch	28. Ungarisch
9. Georgisch	19. Rumänisch	29. Urdu
10. Griechisch	20. Russisch	30. Vietnamesisch

---
325 S. hierzu BMJV 2017.
326 Inzwischen wurde auch diese Auflage aktualisiert und verbessert. Die aktuelle Ausgabe wird mit Stand Februar 2017 ausgegeben (s. Fußnote 325).
327 Vgl. *Leuschner/Schwanengel* 2015, S. 28.

Ein Merkblatt in einfacher oder gar leichter Sprache ist aktuell noch nicht verfügbar. Hier besteht Nachbesserungsbedarf.

Positiv festzuhalten ist hingegen die Aufnahme des Hinweises auf das OEG. Zwar gibt es für einen Leistungsbezug keine Antragsfrist, jedoch werden Leistungen grundsätzlich erst ab dem Zeitpunkt der Antragsstellung erbracht. Daher empfiehlt es sich, den Antrag zeitnah zu stellen. Der Ausgang des Ermittlungsverfahrens oder gar des Strafverfahrens muss hierbei nicht abgewartet werden.

Es muss zudem klar und deutlich – ganz zu Anfang jeder Broschüre und jedes Internetauftritts – dargelegt werden, dass die Polizei auch gegen den Willen des Opfers eine Strafanzeige aufnehmen und der Staatsanwaltschaft vorlegen muss, sobald sie von einem Sachverhalt mit strafrechtlichem Inhalt Kenntnis erlangt. Die Formulierung dieses einleitenden Satzes muss ebenfalls so einfach wie möglich gewählt sein und sollte deutlich hervorgehoben werden. Diesbezüglich könnte das aktuelle Opfermerkblatt noch nachgebessert werden.

In der Gesamtbetrachtung wurde das Opfermerkblatt, welches nun seit Februar 2017 bundesweit gültig ist, in der Neuauflage zu einem Positiv-Beispiel einer Opferinformationsbroschüre umgearbeitet.[328] Allerdings ist diese Fassung im Vergleich zu der älteren Version noch umfangreicher geworden. Dies ist dem Umstand geschuldet, dass sich aufgrund der rechtlichen Bestimmungen des § 406i I StPO die Hinweispflichten auf Rechte und Pflichten der Opfer im Strafverfahren deutlich erweitert haben. Die einfachen Formulierungen dieser Rechte und Pflichten erweitern die Seitenanzahl zusätzlich, erfüllen aber die Forderung gem. § 406i I und § 406j I StPO, das Opfer in einer für sie verständlichen Sprache über seine Rechte und Pflichten aufzuklären. Hinsichtlich der Länge des Opfermerkblattes wird sich dem Kommentar von *Märkert* angeschlossen, dem zufolge zu prüfen ist, ob das Merkblatt nicht opfertypbezogen in gekürzter Version ausgehändigt werden kann.[329] Dies stellt dann den aushändigenden Polizeibeamten allerdings vor die Verpflichtung, sich mit den unterschiedli-

---

328 Nach *Nolden* 2020, S. 151 ff. besteht dennoch an einigen Stellen Verbesserungs- und Ergänzungsbedarf aufgrund diverser Unzulänglich- und Ungenauigkeiten. Diese Problematik führt für das vorliegende Handbuch jedoch zu weit und wird daher nicht weiter erörtert.
329 Vgl. *Märkert* 2016, S. 12.

chen Merkblättern auszukennen und einzelfallbezogen entsprechend zu erläutern und auszuhändigen. Wenn der Polizeibeamte dahingehend eine profunde Ausbildung erhalten hat und sich das Selbstverständnis der Polizei von der Makroebene bis hin zur Mikroebene in mehr Opferschutz entwickelt, kann die polizeiliche Arbeit dem Opferschutz besser gerecht werden.

Best Practice – Ein **Beispiel** aus Rheinland-Pfalz:

Opfermerkblatt

Obwohl das Opfermerkblatt in seiner aktuellsten Fassung deutlich leserfreundlicher geworden ist, bleibt es nach wie vor für viele Opfer ein „Buch mit sieben Siegeln". Umso wichtiger ist es, dass Polizeibeamte das Merkblatt nicht nur an die Opfer aushändigen, sondern selbst den Inhalt des Merkblatts kennen und auch verstehen.

Wie es gelingen kann, die teilweise komplexen Inhalte des Opfermerkblatts bereits Polizisten in Ausbildung so zu vermitteln, dass sie im Anschluss daran auch in der Lage sind die Inhalte an fachfremde Personen weiterzugeben, erläutert *Sabine Schmitt*, Kriminalrätin und Dozentin für Kriminologie und Kriminalistik an der Hochschule für Polizei Rheinland-Pfalz:

„Regelmäßig zeigt sich, dass Polizeibeamte zwar der Verpflichtung nach der Aushändigung des Opfermerkblatts nachkommen, es aber selber niemals (ganz) gelesen und/oder verstanden haben. So zeigte (und zeigt) sich in Vorlesungen zum Thema Viktimologie im Fach Kriminologie an der Hochschule der Polizei Rheinland-Pfalz, dass die Mehrheit der Studierenden das Opfermerkblatt zwar kennt, aber sich mit den Inhalten nicht tiefergehend beschäftigt hat. Das bloße Aushändigen des Merkblatts ist aber in vielen Fällen nicht ausreichend, um dem Bedürfnis der Geschädigten nach Informationen zum Ablauf des Strafverfahrens oder den ihnen zustehenden Möglichkeiten gerecht zu werden.

Zwar wird das Opfermerkblatt bereits in Modul 3 (vor dem ersten Praktikum) in der Kriminalistik beim Thema Vernehmungen vorgestellt, jedoch wäre eine vertiefende Befassung zu diesem Zeitpunkt noch wenig erfolgsversprechend.

Die Viktimologie ist an der Hochschule der Polizei Rheinland-Pfalz Bestandteil von Modul 6, zum Ende des zweiten Studienjahrs im Fach Kriminologie. Die Polizeianwärter haben zu diesem Zeitpunkt bereits zwei Praktika auf Dienststellen der Schutzpolizei absolviert und befinden sich kurz vor einem Praktikum bei der Kriminalpolizei.

Da die Vermittlung von Inhalten aus didaktischen Gründen nach meiner Einschätzung dann am erfolgversprechendsten ist, wenn eine eigenständige

Bearbeitung eines Themas mit einem sogenannten „Testing" verknüpft wird, habe ich mir für das Opfermerkblatt ein spielerisches Verfahren überlegt.[330]

Die Studierenden erhalten von mir zunächst den Auftrag, das Opfermerkblatt aufmerksam zu lesen und Inhalte, die sie nicht verstehen, zu recherchieren. Ebenso gebe ich den Hinweis, dass in der kommenden Lehrveranstaltung eine Überprüfung (die allerdings nicht benotet wird) stattfindet, bei der jeder sich beteiligen muss.

Die nachfolgende Lehrveranstaltung läuft dann wie folgt ab:

Ich bringe verschiedene Fragekarten zur Vorlesung mit (pro Studierenden ist eine Karte vorgesehen). Die erste Karte, mit einer (einfachen) Frage, lese ich laut vor und wer die Frage beantworten kann darf sich melden um die Frage zu beantworten. Hat der Studierende die Frage richtig beantwortet, bekommt er die Karte und hat seine Aufgabe erfüllt, darf aber weiterhin als Publikums- oder Einzeljoker am „Spiel" teilnehmen. So stelle ich nach und nach weitere Fragen und die Studierenden erarbeiten sich die Karten und nebenbei die Inhalte des Opfermerkblatts. Sofern ein Studierender die gestellte Frage nicht richtig beantwortet, kann er das Publikum oder einen Einzeljoker befragen.

Am Ende bleiben erfahrungsgemäß einige Studierende übrig, die sich nicht freiwillig zur Beantwortung einer Frage gemeldet haben. Diese Personen nehme ich dann gezielt dran, so dass jeder am Ende eine Frage beantwortet hat. Die Fragen sind im Schwierigkeitsgrad durchaus unterschiedlich und reichen von Fragen zum Strafantrag, dem Privatklageverfahren hin zu Anwesenheitsrechten von Vertrauenspersonen oder den Vorteilen der psychosozialen Prozessbegleitung. So werden nebenbei auch Inhalte anderer Module und der Kriminalistik wiederholt und vertieft.

Zu diesem „Spiel" sind natürlich auch Abwandlungen möglich. So kann es bei eher zurückhaltenden Studiengruppen bspw. sinnvoll sein, dass nur der erste Studierende sich melden kann um die Eingangsfrage zu beantworten. Danach wird von diesem Studierenden die nächste Frage an einen von ihm ausgewählten Studienkollegen gestellt. Dadurch entsteht mehr Druck auf die Teilnehmer, denn niemand weiß, wann er an der Reihe ist. Diese Form des „Spiels" ist auch für ein Repetitorium sehr gut nutzbar".

---

330 Das Konzept der sogenannten „Gamifacation" umfasst Aktivitäten oder Prozesse, durch welche, unter Anwendung von spielerischen Elementen, Probleme gezielt gelöst werden. Seit einigen Jahren setzten sich verschiedene Elemente aus dem Konzept auch in der Lehre durch und führen nachweislich u. a. zu einer intensiveren Auseinandersetzung mit den Lehrmaterialien. Zur Vertiefung S. bspw. *Robertz* Kriminologie in der Polizeiausbildung, in: Kriminalistik, 10/2020, S. 639-643.

Neben dem Opfermerkblatt wird auch die sogenannte Opferfibel[331] vom Bundesministerium der Justiz und für Verbraucherschutz herausgegeben. Auf diese wird u.a. im Opfermerkblatt als weitere hilfreiche Informationsquelle verwiesen. Dieses rund 100 Seiten umfassende Werk informiert Betroffene von Straftaten ausführlich über das Strafverfahren. Es enthält alle wichtigen Informationen um Opfern eine Orientierung im Strafverfahren zu bieten und ihnen zu helfen, ihre Rechte wahrzunehmen. Positiv ist anzumerken, dass neben einer übersichtlichen Gliederung und Struktur der Fibel auch der Legalitätsgrundsatz zumindest Erwähnung findet.[332] Allerdings könnte dieser Umstand in den entsprechenden Passagen bspw. durch eine hervorgehobene Schrift dem Leser deutlicher vor Augen geführt werden, denn in der aktuellen Fassung der Opferfibel kann dieser Hinweis von Opfern leicht „überlesen" werden. Wie essentiell es für Opfer ist, das Legalitätsprinzip mit all seinen Konsequenzen zu verstehen, sollte im Verlauf des vorliegenden Handbuchs deutlich geworden sein.

Die sich meist im Ausnahmezustand befindenden Opfer sind hinsichtlich der ihnen ausgehändigten Informationen meist nur eingeschränkt aufnahmefähig.[333] Dennoch oder gerade deshalb möchten Opfer rechtlich beraten und über strafprozessuale Abläufe ausreichend informiert werden.[334] Neben der detaillierten Erläuterung des Merkblatts und möglichen Hinweisen auf entsprechende Opferhilfeeinrichtungen und dem Aushändigen weiterer Informationsbroschüren kann es auch sinnvoll sein, selbst den Hörer in die Hand zu nehmen und entweder den regional zuständigen Opferschutzbeauftragten oder eine Beratungsstelle im Namen des Opfers anzurufen und einen Erstkontakt herzustellen – das Einverständnis des Opfers selbstverständlich vorausgesetzt. Durch dieses proaktive Vorgehen wird dem Opfer die Überwindung einer ersten Hürde abgenommen und der weitere Weg deutlich erleichtert. Einen bereits vereinbarten Termin abzusagen oder diesen, ohne Angaben von Gründen, einfach fernzubleiben ist schwieriger, als selber die Initiative zu ergreifen, um einen solchen Termin überhaupt erst zu vereinbaren.

---

331 S. hierzu BMJV 2020.
332 Vgl. BMJV 2020, S. 15 ff.
333 Vgl. *Stahlmann-Liebelt* 2017, S. 159.
334 Vgl. *Baurmann* 2003, S. 79.

> **Merke:**
> Das bloße Aushändigen des Merkblatts für Opfer einer Straftat reicht **nicht** aus und wird dem Opfer und seinen Bedürfnissen **nicht** gerecht!

Ferner muss Opfern transparent dargelegt werden, worin für den Polizeibeamten das Problem eines vertiefenden Gesprächs liegt, nämlich in der Strafverfolgungsverpflichtung und der damit einhergehenden Gefahr einer zusätzlichen Viktimisierung für das Opfer. Dem Opfer muss aber deutlich gemacht werden, dass es jederzeit eine beliebige Polizeistation erneut aufsuchen kann, sobald es sich ausreichend über den Ablauf und die Folgen eines Strafverfahrens informiert hat und sich für den Verfahrensablauf stabil genug fühlt. Sein Opferstatus muss anerkannt werden.[335] Eine offene und ehrliche Kommunikation zwischen Opfer und Polizeibeamten ist die Grundlage für ein reduziertes Viktimisierungsrisiko für das Opfer und das Vermeiden einer möglichen Strafbarkeit gem. § 258a StGB für den Polizeibeamten.

Mit dem Programm Polizeiliche Kriminalprävention der Länder und des Bundes (ProPK) existiert neben dem bundeseinheitlichen Opfermerkblatt darüber hinaus eine Website, auf der sich Opfer auch selbständig zu unterschiedlichen Deliktfeldern Rat und Information einholen können.[336] Über eine besondere Rubrik „Opferinformationen", gelangen Opfer an spezifische Informationen in Bezug auf besondere Delikte. Den unterschiedlichen Bedürfnissen der verschiedenen Opfertypen wird hier Rechnung getragen. Allerdings ist die rein deutsche Präsentation in der heutigen Zeit nicht zufriedenstellend, da nicht Deutsch sprechende Bürger nicht erreicht werden können. Eine zusätzliche Präsentation der Inhalte in englischer Sprache wäre hier wünschenswert. Sehr positiv kann hingegen die „Vorlesen"-Funktion bewertet werden, die es Menschen mit Leseschwäche oder Analphabeten ermöglicht die Inhalte zu erfassen. Allerdings darf nicht unterschätzt werden, dass nach wie vor nicht jeder Bürger über einen uneingeschränkten Internetzugang verfügt.

Der recht große Textumfang der Internetseite sowie die vorzufindenden teils schwer verständlichen Formulierungen werden ebenfalls als

---
335 Vgl. *Baurmann* S. 79.
336 S. hierzu www.polizei-beratung.de (28.2.2021).

verbesserungswürdig gesehen. Positiv fallen hingegen die diversen Kurzvideos zu den unterschiedlichen Themen auf. Die Clips sind einfach illustriert und besprochen und weisen kurz, aber sehr informativ, auf das entsprechende Thema hin. So können sich Betroffene bspw. über das Thema „Opferrechte" oder auch darüber informieren, wieso es wichtig ist, eine Anzeige zu erstatten.

In Hinblick auf die Informationsvermittlung und das Angebot von Hilfeprogrammen ist die „Hilfetelefon-Landschaft" in Deutschland positiv hervorzuheben. In der Regel beginnen in Deutschland die Telefonnummern der meisten Hilfetelefone mit 116 und sind kostenfrei erreichbar. Unter der Rufnummer 116 006 ist bspw. das Opfertelefon des Weissen Ring erreichbar. Besetzt sind die Hilfetelefone meist mit ehrenamtlichen Mitarbeitern der jeweiligen Einrichtungen. Hier werden bereits vielfältig Berater eingesetzt, die unterschiedliche Sprachen sprechen. Als überaus positives Beispiel sei an dieser Stelle das Hilfetelefon „Gewalt gegen Frauen" genannt. Hierbei handelt es sich um ein bundesweites Beratungsangebot für Frauen, die Gewalt erlebt haben oder noch erleben. Unter der Nummer 08000 116 016 sowie per Online-Beratung können Betroffene aller Nationalitäten, mit und ohne Behinderung, 365 Tage im Jahr, rund um die Uhr, kostenlos beraten werden.[337] Das Hilfetelefon ist dabei aktuell in insgesamt 17 unterschiedlichen Sprachen verfügbar und betreut sogar in Gebärdensprache. Darüber hinaus ist der Internetauftritt auch in leichter Sprache verfügbar.

Insgesamt betrachtet, existiert eine Vielzahl an Informationsquellen, digital oder analog, die Opfer dabei unterstützen sollen, passende Hilfe zu finden. Viele dieser Quellen sind dabei bereits sehr mannigfaltig und detailliert verfasst, bieten telefonische Beratung an und sind häufig auch mindestens in die englische Sprache übersetzt. Grundsätzlich ist diese Entwicklung sehr positiv zu bewerten und aus Sicht der Opfer zu begrüßen. Es muss jedoch auch hinterfragt werden, ob nicht die Möglichkeit einer strukturierten Zusammenführung der vielen einzelnen Materialen sinnvoll wäre. Mit ODABS ist ein erster Schritt in diese Richtung gelungen. Im zweiten Schritt muss jedoch die Frage beantwortet werden, welchen Bekanntheitsgrad diese

---

337 S. hierzu BAFzA (online).

Plattform bei den Hilfesuchenden, aber auch allen Polizeibeamten, die mit Opfern in Kontakt kommen können, hat. Diesbezüglich wird klar Nachbesserungsbedarf gesehen.

3.2 Informationsmöglichkeiten für Polizeibeamte

Neben den genannten Informationsmöglichkeiten für Opfer bedarf es aber auch bezüglich der bereits erörterten Polarität zwischen der polizeilichen Arbeit gemäß des Legalitätsprinzips und dem verpflichtenden Opferschutz/der Opferhilfe einer ausführlichen und detailliert ausgearbeiteten Handreichung für alle Polizisten. Mittels einer solchen Handreichung werden Polizisten dazu befähigt im Kontaktfall mit einem beratungssuchenden Bürger angemessen und professionell zu reagieren. Natürlich sollten die Polizeibeamten durch ihre Aus- sowie Fort- und Weiterbildungsmaßnahmen dazu befähigt sein, frühzeitig die Herausforderungen im Zusammenhang ihrer gesetzlichen Verpflichtungen (sie sind „Jäger" und Beschützer) zu erkennen um darauf professionell und bürgerorientiert reagieren zu können. Aber schnell greifbare Handreichungen können im Alltag darüber hinaus hilfreich sein. In diesem Zusammenhang kann u.a. eine intern verwendete Handreichung mit praktischen Hinweisen dazu beitragen, bestehende Informationslücken hinsichtlich eines adäquaten Opferumgangs zu schließen. Auch kann nochmal an die Verpflichtung zum Legalitätsprinzip erinnert werden. Die Handreichung kann zudem verschiedene Kontakte, bspw. zu regionalen Opferhilfeeinrichtungen, direkt auflisten. Dies erleichtert es dem Polizeibeamten, dem Opfer zeitnah geeignete Kontakte zu vermitteln. Darüber hinaus können mittels der Handreichung nützliche Hinweise auf gesetzliche Neuregelungen oder Veränderungen sowie Hinweise auf wichtige Recherche- und Informationsmöglichkeiten innerhalb des Personals verbreitet werden.

Im Zeitalter der Digitalisierung kann eine solche Handreichung bei notwendigen Neuerungen zeitnah via der dienstlichen Email-Anschrift an alle Polizeibeamten versendet werden, ohne dass dabei zusätzliche Kosten entstehen. Zusätzlich kann die Handreichung auf einem für alle Beschäftigten zugänglichen Laufwerk abgelegt und gespeichert werden, so dass das Dokument von dort jederzeit abrufbar ist. Die Handreichung kann in Form eines Flyers, eines DIN A5-Faltblatts oder einfach als fortlaufendes Dokument gestaltet werden.

Zusätzlich könnte eine solche Handreichung in die in der Regel halbjährlich oder jährlich durchgeführten Belehrungspflichten innerhalb der Polizeiorganisation mit aufgenommen werden. Dies garantiert zwar keine tiefergehenden Kenntnisse auf dem Gebiet des Opferschutzes, jedoch kann es den nötigen Erstimpuls zur erneuten Auseinandersetzung mit dem Thema geben – nach dem Motto: „Was gibt es Neues?".

Nachfolgend ein **Beispiel** für den möglichen Inhalt und Aufbau eines solchen Dokuments:

Platz für Adresse der Behörde	Platz für Logo der Behörde

Handreichung und praktische Hinweise für Polizeibeamtinnen und Polizeibeamte im Umgang mit Opfern

Wer ist Opfer?

Opfer ist jede Person, die eine physische, psychische oder soziale Verletzung erlitten hat, der eine strafbare Handlung vorausgegangen ist. Miterfasst sind aber auch Familienangehörige des unmittelbaren Opfers, da diese ebenfalls von den Folgen der Tat betroffen sein können und ggf. auch Beratung und Information bei Strafverfolgungsorganen suchen. Es ist somit nicht von Bedeutung, ob es sich bspw. um Opfer von Gewaltdelikten, Eigentumsdelikten oder Delikten im Straßenverkehr handelt. Der Begriff des Opfers ist somit äquivalent zu den Begriffen Betroffener, Geschädigter oder Verletzter zu verstehen.

Aufgaben der Polizei

Ausweislich ihrer Doppelfunktionalität ist Polizei auch, und zwar originär, eine

eine Gefahrenabwehrbehörde, deren Aufgabe es ist, die öffentliche Sicherheit und Ordnung zu schützen. Opferschutz ist somit Aufgabe einer jeden Polizeibeamtin und eines jeden Polizeibeamten.

Neben dieser Rolle als Gefahrenabwehrbehörde ist die Polizei auch Strafverfolgungsbehörde und untersteht dem Weisungsrecht der Staatsanwaltschaft. Ausweislich § 163 I S.1 StPO unterliegt die Polizei einer Strafverfolgungsverpflichtung (Legalitätsprinzip). Sobald die Polizei daher von einer Straftat, Kenntnis erlangt, ist sie verpflichtet eine Anzeige aufzunehmen. Teilen Sie dem Opfer diese Verpflichtung frühzeitig mit! *Achtung: die Missachtung dieser Verpflichtung kann ggf. zur Erfüllung des Tatbestandes des § 258a I StGB (Strafvereitelung im Amt) führen.*

Informationsverpflichtung

Bitte lesen und verstehen Sie inbs. § 406i I StPO i.V.m. §§ 406d – 406h StPO, sowie § 406j StPO.

In beiden Fällen sind Verletzte „[...] möglichst frühzeitig, regelmäßig schriftlich und soweit möglich in einer für sie verständlichen Sprache über ihre [...]" jeweiligen Befugnisse zu unterrichten. Die Informationsverpflichtung gilt sowohl im Strafverfahren (§ 406i StPO) als auch außerhalb des Strafverfahren (§ 406j StPO).

Kennen und verstehen Sie den Inhalt des Merkblattes für Opfer einer Straftat *(hier ggf. Verlinkung Opfermerkblatt/Formular einfügen)*. Dieses Merkblatt **IST** jedem Opfer auszuhändigen **UND** in verständlicher Sprache zu erläutern.

(Hier ggf. Verweis, wo das Merkblatt in verschiedenen Sprachen zur Verfügung steht).

Opferbedürfnisse – Wie verhalten Sie sich richtig?

Eine sekundäre Viktimisierungen, d.h. eine weitere Opferwerdung, IST zu vermeiden.

- Falls notwendig, verbringen Sie das Opfer zur Dienststelle und sorgen dort für eine ungestörte und nach Möglichkeit angenehme Vernehmungsumgebung.
- Soweit möglich und zu vertreten, erlauben Sie dem Opfer die Begleitung einer Vertrauensperson.
- Fragen Sie das Opfer, welche Bedürfnisse und Wünsche bestehen.
- Seien Sie respektvoll und zeigen sie sich empathisch und verständnisvoll.
- Machen Sie dem Opfer niemals Vorhaltungen.
- Erläutern Sie in einfacher Sprache, weshalb Sie welche Maßnahmen treffen, warum Sie gewisse Fragen stellen (müssen) und wie der anschließende Verfahrensverlauf aussieht.
- Machen Sie keine Versprechungen, die nicht eingehalten werden können.
- Informieren Sie das Opfer über seine Opferrechte (s. § 406i StPO).
- Informieren Sie das Opfer über mögliche Hilfemöglichkeiten und stellen Sie ggf. den Kontakt dorthin proaktiv her (Einverständnis des Opfers vorausgesetzt).

Kennen Sie die verschiedenen Opfertypen und machen Sie sich mit den allgemeinen, aber auch individuell unterschiedlichen Bedürfnissen der Opfer vertraut. Hierzu ist u.a. auch www.viktim.extrapol.de/viktim hilfreich.

Opferschutzbeauftragte der Polizei

Ein Opferschutzbeauftragter der Polizei ist [in den meisten Bundesländern] ein „Spezialist" auf dem Gebiet des Opferschutzes und fungiert insbesonre als Mittler zwischen dem mit der Anzeigenaufnahme betrauten Sachbearbeiter und den verschiedenen Opferhilfeeinrichtungen. Kriminalitätsopfer können sich aber auch direkt an den Opferschutzbeauftragten wenden. Als Opferschutzbeauftragter ist man im Umgang mit Opfern besonders geschult, kann sie über ihre Rechte und Pflichten sowie über den allgemeinen Verfahrensablauf umfassend informieren und sie deliktspezifisch über weitere Hilfe- und Unterstützungsmöglichkeiten beraten. Falls nötig, sorgen sie auch für notwendige Soforthilfen und vermitteln medizinische, psychologische, soziale, materielle oder juristische Hilfe. Darüber hinaus unterstützen sie die Opfer bei der Stellung von Anträgen, bspw. in Verbindung mit dem **Opferentschädigungsgesetz**.

Kennen Sie die Kontaktdaten und die Modalitäten zur Kontaktaufnahme mit dem für Ihre Dienststelle zuständigen Opferschutzbeauftragten!

(Bitte individuelle Kontaktdaten der einzelnen OSB der Polizei hier einfügen).

Traumaambulanzen

Opfer- und Traumaambulanzen sind Anlaufstellen für die Akutversorgung von Opfern traumatisierender Ereignisse. Insbesondere Opfer von Gewalt- und Sexualstraftaten werden hier betreut. Aber auch Opfer anderer Taten durch die die Opfer traumatisiert wurden können hier Hilfe finden.

Kennen Sie die Kontaktdaten und die Modalitäten zur Kontaktaufnahme mit den Traumaambulanzen.

(Bitte individuelle Kontaktanschriften und Telefonnummern der regionalen Traumaambulanzen hier einfügen).

Psychosoziale Prozessbegleitung

Bitte lesen und verstehen Sie § 406g StPO.

Psychosoziale Prozessbegleitung ist eine besonders intensive Form der Begleitung vor, während und nach der Hauptverhandlung für Opfer von besonders schweren Straftaten bzw. für ihre Angehörigen. Sie umfasst die qualifizierte Betreuung, Informationsvermittlung und Unterstützung im Strafverfahren. Hier sollten Sie insbesondere die Bestimmungen von § 406g III i.V.m. § 397a StPO „Bestellung eines Beistands; Prozesskostenhilfe" kennen, unter dessen Voraussetzungen dem Verletzten auf Antrag ein psychosozialer Prozessbegleiter beizuordnen ist (s. § 397a I Nr. 4 und 5) bzw. ein psychosozialer Prozessbegleiter beigeordnet werden kann (s. § 397a StPO I Nr. 1-3). In der Konsequenz der Umsetzung dieser Rechtsnormen ist eine Beiordnung für den Verletzten kostenfrei. Mit der Beiordnung eines psychosozialen Prozessbegleiters soll vor allem die individuelle Belastung der Opfer reduziert werden. Prozessbegleitung ersetzt also nicht die Anwältin oder den Anwalt. Rechtsberatung ist und bleibt allein die Aufgabe von

> Rechtsanwälten. Die Prozessbegleitung ist eine nicht-rechtliche Begleitung und damit ein zusätzliches Angebot für besonders schutzbedürftige Opfer.
>
> **Opferhilfe regional**
>
> Machen Sie sich mit der Online-Datenbank für Betroffene von Straftaten- (ODABS) vertraut.
>
> ODABS verzeichnet mittlerweile bundesweit mehr als 800 Opferhilfeeinrichtungen. Unter www.odabs.org können sich Opfer über die jeweilige Betreuungs- und Hilfemöglichkeit in der jeweiligen Region informieren und Kontakt zu ihr suchen.
>
> Auch mittels der polizeiinterne Seite VIKTIM (www.viktim.extrapol.de/viktim) können ebenfalls Hilfeeinrichtungen und Hilfsorganisationen vor Ort recherchiert werden.
>
> *(Bitte hier ausgewählte Individuelle Kontakte aus der Region, ggf. unterteilt in Zielgruppen einfügen).*
>
> Weitere hilfreiche Informationen zum Thema Opferschutz und Opferhilfe finden Sie unter:
>
> *(Bitte fügen Sie hier entsprechende Seiten ein, auf die Sie ihre Mitarbeiter besonders hinweisen möchten).*
>
> Bspw.:
>
> www.hilfe-info.de
> Plattform des Bundes für Betroffene von Straftaten, herausgegeben vom BMJV
> www.hilfetelefon.de
> Bundesweites Beratungsangebot für Frauen, die Gewalt erlebt haben. Rundum die Uhr verfügbar, vertraulich und kostenlos auf 17 Sprachen sowie in Gebärdensprache, herausgegeben vom BAFzA

Allgemein ist festzuhalten, dass gute und bessere Informationsbroschüren, sowohl für Opfer als auch für Polizeibeamte, und Internetauftritte mit Informationen für Opfer in unterschiedlichen Sprachen zusätzliche Lösungsansätze darstellen, um das polizeiliche Arbeiten im Spannungsfeld zwischen Legalitätsprinzip und Opferschutz/Opferhilfe zu erleichtern. Die alleinige Nutzung dieser Informationsquellen ist jedoch unzureichend. Denn dem Polizeibeamten entgeht im Zweifel die Aufklärung einer Straftat. Und trotz aller positiven Bemühungen seitens des Polizisten kann beim Opfer dennoch ein Gefühl entstehen, nicht ernstgenommen zu werden und nicht willkommen zu sein. Das Opfer darf sich durch eine reine Aushändigung von Informationsmaterialien nicht „abgewimmelt" fühlen.

Der hier aufgezeigte Lösungsansatz mittels Informationsbroschüren und Internetportalen ist somit nur dann zielführend, wenn der „Polizeibeamte der ersten Stunde" die Herausforderungen zwischen Legalitätsprinzip und Opferschutz/Opferhilfe kennt und gleichzeitig dazu befähigt ist, situationsbezogen zu reagieren um insbesondere eine sekundäre Viktimisierung des Opfers zu vermeiden. Daher ist dieser Lösungsansatz lediglich in Ergänzung, auch zum HdOO oder eines persönlichen Gesprächs mit dem Opferschutzbeauftragten, sinnvoll.

Hilfetelefon „Gewalt gegen Frauen" unterstützt Polizei im Einsatz

Das angesprochen Hilfetelefon „Gewalt gegen Frauen" bietet eine besondere Unterstützung für Polizeibeamte: „Sollte sich für die Funkwagenbesatzungen oder andere Polizeibeamtinnen/Polizeibeamte eine Situation ergeben, in der es aufgrund fehlender Sprachkenntnisse der von Gewalt betroffenen Frau nicht möglich ist, deren weiteren über die polizeiliche Intervention hinaus gehenden Hilfebedarf zu ermitteln, stehen die Beraterinnen des Hilfetelefons zur Verfügung"[338]. Mittels Konferenzschaltung kann innerhalb einer Minute ein Dolmetscher hinzugezogen werden, welcher selbständig das Beratungsgespräch zum weiteren Hilfebedarf führt. Anschließend wird die betroffene Person gefragt, ob sie mit der Weitergabe der Informationen aus dem Gespräch an den Polizeibeamten einverstanden ist. Der Berater informiert sodann den Polizeibeamten. Aufgabe des Mitarbeiters des Hilfetelefons ist es, die Hilfesuchende zu beraten, nicht die Unterstützung der Ermittlungsarbeit; dies gilt es zu beachten. Gleichwohl steht einer offenen Zusammenarbeit nichts im Wege, sobald das Einverständnis der Hilfesuchenden zur Informationsweitergabe vorliegt.

Um das Angebot des Hilfetelefons nutzen zu können und so die Opfer von Gewalt optimal unterstützen zu können, ist es essentiell, dass die sich im Einsatz befindenden Polizeikräfte dieses Angebot kennen und bei Bedarf auch wahrnehmen. In diesem Zusammenhang bieten Mitarbeiter des Hilfetelefons Beratungs- und Fortbildungsangebote bei der Polizei an.

---

338 S. hierzu BAFzA 2019 (online).

4. Opfer-Hilfe-App (OHA)

Neben der vielen klassischen Internetangebote, gedruckten Flyer und Broschüren drängt sich die Frage nach einer App für Opfer förmlich auf. Denn der Anteil der Smartphone-Nutzer wächst stetig. „79 Prozent der Bundesbürger ab 16 Jahren nutzen Anfang 2021 ein internetfähiges Mobiltelefon […]"[339]. Für den Großteil der Nutzer ist das Smartphone aus dem Alltag kaum mehr wegzudenken – fast drei Viertel würden sogar lieber auf ihr Auto, als auf ihr Smartphone verzichten. Und wenn es in den Weiten des Internet nicht (mehr) gelingt eine einzige Plattform gebündelt mit Informationen für Hilfesuchende zu speisen, so könnte dies mit einer App ermöglicht werden.

Eine solche Opfer-Hilfe-App (OHA) kann im Ansatz ähnlich der ODABS Datenbank aufgebaut sein und im Schritt-für-Schritt-Verfahren den Hilfesuchenden passende Ansprechpartner für ihr individuelles Anliegen anbieten. Die App kann Telefonnummern und Adressen von der jeweils örtlich zuständigen Polizeistation und den entsprechenden Opferschutzbeauftragten anbieten sowie auf das Legalitätsprinzip und seine Konsequenzen hinweisen. Darüber hinaus können das Opfermerkblatt, die Opferfibel, Kurzvideos wie jene von ProPK, Telefonnummern für diverse Hilfetelefone, ein Verweis auf die nächste forensische Ambulanz und vieles mehr in einer App per Verlinkung abrufbar gemacht werden.

Insbesondere hinsichtlich des Opfermerkblatts kann so auch über eine deliktsspezifische Aufmachung nachgedacht werden. Denn wenn zuvor im Schritt-für-Schritt-Verfahren vom System erhoben wird, welches Hilfsangebot die betroffene Person benötigt, so kann ein im Anschluss per click angefordertes Merkblatt opfertypbezogen generiert und heruntergeladen werden.

In Anlehnung an die „Notausstieg"-Funktion der Internetseite des Hilfetelefons sollte die OHA mittels eines Buttons zu jeder Zeit eine neutrale Internetseite aufrufen können. Zudem sollte das für die App verwendete Icon sowie die Bezeichnung der App auf Wunsch[340] derart die Gestalt bzw. die Bezeichnung verändern, dass die App für

---
[339] Bitkom 2021 (online).
[340] Ggf. kann dies in den Einstellungen der App nach Wunsch geändert werden.

einen Außenstehenden auf den ersten Blick nicht als OHA zu erkennen ist. Dies dient dem Schutz der Nutzer.

Selbstverständlich sind bei der Umsetzung einer solchen App die datenschutzrechtlichen Bestimmungen zu gewährleistet. Nutzerdaten sollten weder erfasst noch gespeichert werden. Auch muss die Aktualität der Daten gesichert sein. Hierbei kommt es auf die Mitwirkung aller an der App Beteiligten an.

Mittels der OHA kann Hilfesuchenden ein Tool an die Hand gegeben werden mit dem ein erster Schritt zur Selbsthilfe zielgerichtet erfolgen kann, ohne dabei eine Broschüre anfragen oder einfordern zu müssen oder per aufwendiger Recherche im Internet diverse Seiten nach den passenden Angeboten durchforsten zu müssen.

Es wäre wünschenswert, wenn sich bei allen am Opferschutz und der Opferhilfe Beteiligten ein Konsens dazu findet, eine solche App zu entwickeln – zum Mehrwert für jedes einzelne Opfer.

5. Zusammenfassung

Es ist festzuhalten, dass das derzeit bestehende Legalitätsprinzip dem heute verstärkten Opferschutzgedanken zumindest insofern entgegensteht, als sich hieraus diverse Herausforderungen für die polizeiliche Aufgabenbewältigung ergeben. Mit dem Ziel, die „Mehrfachviktimisierungs-Dynamik"[341] zu durchbrechen, kann es jedoch gelingen sich diesen Herausforderungen zu stellen ohne den Legalitätsgrundsatz zu untergraben oder dessen Kern auszuhöhlen. Hierzu bedarf es allerdings der Zusammenarbeit aller am Opferschutz und der Opferhilfe beteiligten Akteure mit dem Opfer. Damit den Opfern die Angst vor den Folgen einer Beratung genommen werden kann[342], muss gewährleistet sein, dass sie zunächst auch Beratung erfahren und nicht evtl. gegen ihren Willen sofort eine Anzeige aufgenommen wird. Eine räumliche Bündelung aller notwendigen Akteure in einem HdOO ist einer effektiven Kooperation dienlich und stellt für alle Beteiligten eine Bereicherung dar. Spezielle Schulungen sowie eine am

---

341 *Hartman* 2010, S. 48.
342 Vgl. BMFSFJ 2013, S. 174.

Opferschutz orientierte Aus-, Fort- und Weiterbildung, der Austausch von Erfahrungen, unkomplizierte Arbeitswege und „Übergabe" von Opfern an weiterführende Stellen unterstützen den Opferschutz zusätzlich.

Die über mannigfaltige Kanäle verbreiteten Informationen für Opfer einer Straftat und für Polizisten runden das Bild eines allumfassenden Opferschutzgedankens in Deutschland ab. Mit der Umsetzung der hier angesprochenen Lösungsansätze kann der Staat einen weiteren Schritt machen zur Erfüllung seiner Verpflichtung zum Schutz von Opfern von Straftaten.[343] Dies kommt auch der Kriminalprävention zugute, da sich positive Erfahrungen von Opfern mit der Polizei auch auf deren künftiges Anzeigeverhalten auswirken.[344]

Mit einer OHA kann es gelingen alle relevanten Informationen für betroffene Opfer auf einer Plattform zu bündeln. Im Zeitalter einer stetig wachsenden Smartphone-Gemeinde sollte sich auch der Opferschutz/die Opferhilfe dieses Mediums bedienen.

---

[343] S. Kapitel V. dieses Handbuchs; Vgl. *Zypries* 2017, S. 9.
[344] Vgl. Voß 2001a, S. 28-30.

VII. Schlusswort

Kriminalität ist ein gesellschaftliches Phänomen, in das insbesondere Polizei, Justiz und eine Vielzahl an Opferhilfeeinrichtungen ebenfalls mit eingebunden sind. Sie alle verfolgen – insbesondere in den vergangenen fast vier Jahrzehnten – das Ziel, nicht nur den Täter seiner Strafe zuzuführen und im Anschluss für seine Rehabilitation zu sorgen, sondern auch das Opfer für das Strafverfahren vorzubereiten und zu stabilisieren, um ihm anschließend eine normale Lebensführung ohne Angst und Unsicherheit zu ermöglichen. Jegliche Re-Viktimisierung ist zu vermeiden.

„Kriminalität ist nicht alleine ein menschliches Verhalten. Sie ist ein Sozialprozess, in den Täter, Opfer und Gesellschaft eingebunden sind."
[345]

Die derzeitige Gesetzeslage sieht für die Polizei, welche in der Regel die erste Anlaufstelle für Opfer ist, eine strikte Strafverfolgungspflicht vor. Diese ergibt sich aus § 163 I S.1 StPO. Ein Verstoß hiergegen ist u.a. für Polizeibeamte gem. § 258a StGB mit Strafe bedroht. In manchen Fällen kann das strikte Verfolgen von Straftaten für das Opfer jedoch eine weitere Viktimisierung bedeuten und weitreichende Folgen haben. Denn in der Regel suchen Opfer bei ihrer ersten Kontaktaufnahme zunächst Rat und Hilfe und möchten als Mensch und Subjekt verstanden und gehört werden. Der Wunsch nach einer Anzeige steht oft erst an zweiter Stelle.[346] Hinzu kommt, dass Opfer nur selten über alle notwendigen Informationen verfügen, die ihnen die Tragweite einer Strafanzeige bewusst werden lässt. Es ist nicht akzeptabel, dass aufgrund rechtlicher Verpflichtungen, die Hilflosigkeit und Unwissenheit der Opfer dazu führen, dass diese erneut viktimisiert werden. Die Überwindung, sich einer Institution anzuvertrauen, welche es im weitesten Sinne hat vermissen lassen, das Opfer in erster Instanz zu schützen, darf in der Folge nicht noch weitere Verletzungen des Opfers bewirken. Der Weg zur Polizei muss sich für das Opfer

---

345 *Schneider* 2014, S. 236.
346 Ausgenommen hiervon sind Opfer, für die eine Anzeige zwingend notwendig ist um bspw. einen Nachweis für die Versicherung erbringen zu können.

"richtig anfühlen", und das Opfer muss vielmehr gestärkt aus dem Erstgespräch herausgehen. Dies zu erreichen, muss Ziel einer opferorientierten Polizei sein.

Diesbezüglich muss sich die Polizei aktuell diversen Herausforderungen stellen. Sie ist zwar Strafverfolgungsbehörde, aber die Polizeibeamten sollen gleichzeitig umfassenden Opferschutz mit geringster Viktimisierung leisten.

Missachten sie jedoch das Legalitätsprinzip, sehen sie sich ständig mit der Gefahr der Strafvereitelung im Amt konfrontiert. Viele der eingesetzten Opferschutzbeauftragten der Polizeibehörden sind aktuell Polizeibeamte und unterliegen damit dem Legalitätsprinzip. Die „cop culture" und das Selbstverständnis der Polizei sind nach wie vor zu sehr auf die „Säule des Jagens" als auf die „Säule des Schützens" ausgerichtet und bedürfen einer tiefgreifenden Veränderung. Bereits in der polizeilichen Ausbildung muss der Fokus mehr auf den – von der Gesellschaft eingeforderten – Opferschutzgedanken verlagert werden.

Trotz dieser Herausforderungen für die polizeiliche Aufgabenbewältigung ist es möglich, auf Basis der derzeit gültigen Gesetzeslage, d.h. dem strikten Strafverfolgungszwang für Polizeibeamte, Lösungen zu finden, die zur Entspannung des Dilemmas „Legalitätsprinzip vs. Opferschutz und Opferhilfe" beitragen können: Das Zusammenführen aller am Opferschutz und der professionellen Opferhilfe beteiligter Akteure unterstützt ein Verständnis füreinander und stellt dem Opfer in jeder Phase seiner Tatbewältigung den richtigen Ansprechpartner zur Seite, stellt Transparenz her und lässt das Opfer zum Subjekt im Strafverfahren werden. Auf diese Art werden Justiz und Sozialarbeit effektiv zusammengeführt. Mit dem HdOO kann eine Institution geschaffen werden, die alle positiven Eigenschaften, die für eine adäquate und angemessene Opferbetreuung notwendig sind, unter einem Dach vereint. Die Umstrukturierung der Personalbesetzung der Opferschutzbeauftragten entlastet – besonders in ländlichen Gebieten – an den jeweiligen Polizeibehörden die Polizeibeamten in ihrer Aufgabenbewältigung. Ein neutraler Opferschutzbeauftragter unterliegt nicht dem Legalitätsprinzip und hat Kenntnisse über das Rechtssystem, über örtliche Opferhilfestellen und andere für das Opfer wichtige Informationsquellen. Erst im Anschluss an eine Beratung durch den Opferschutzbeauftragten erfolgt auf Wunsch des Opfers eine Weitervermittlung an die Polizei. Zu diesem Zeitpunkt ist das Opfer bereits umfassend über den Verfahrensablauf und seine Rechte im Strafverfahren informiert und entsprechend darauf vorbereitet. Die Polizeibeamten können nun – unter Berücksichtigung eines angemessenen Umgangs mit dem Opfer – die Anzeige des Opfers entgegennehmen, ihrer Verpflichtung entsprechend dem Legalitätsprinzip nachkommen, ohne dass dies zu einer sekundären Viktimisierung für das Opfer führen muss.

Darüber hinaus tragen fortwährend aktualisierte und verständlich geschriebene Informationsbroschüren und Internetauftritte für Opfer dazu bei, in Abwesenheit oder Unerreichbarkeit der zuständigen Stelle(n) dem Opfer Mut bezüglich einer erneuten Kontaktaufnahme zuzusprechen und Informationslücken bereits im Vorfeld zu schließen. Gleichwohl sollte dieser Lösungsansatz nur ergänzend zum HdOO oder der Stelle eines neutralen Opferschutzbeauftragten genutzt werden. Das alleinige Auslegen und Aushändigen von Informationsmaterialien, ein rein formularmäßiges Abarbeiten der Inhalte des Opfermerkblattes oder das bloße Verweisen auf entsprechende Internetseiten wird dem Opferschutzgedanken nicht gerecht.

Abschließend ist festzustellen, dass sich vertiefende Gedanken zum weiteren Vorantreiben eines verbesserten Opferschutzes, sowohl aus menschlicher als auch aus gesellschaftlicher Sicht, lohnen und durchaus weitere Wege beschritten werden können, die sowohl dem Strafverfolgungsgedanken als auch dem Opferschutzgedanken gerecht werden – die Entwicklung einer OHA ist nur ein weitere von vielen möglichen Wegen. Dergestalt werden auch Polizeibeamten weitere Möglichkeiten geboten, sekundäre Viktimisierung zu vermeiden und gleichzeitig die Integrität der Rechtsordnung zu wahren. Das Resultat beinhaltet nach wie vor zwei „Säulen", die sich inhaltlich konträr gegenüberstehen. Aber mittels einer professionell aufgebauten Dachkonstruktion können diese „Säulen" zu einem stabilen Konstrukt zusammengefügt werden und Opfern Hilfe, Rat, Information, professionelle Betreuung und vor allem Schutz und Zuflucht geben.

Literatur- und Quellenverzeichnis

Ackermann, R./Clages, H./Roll, H. Handbuch der Kriminalistik. Kriminalistik für Praxis und Ausbildung, 5. Aufl. 2019

ado, Mindeststandards. https://www.opferhilfen.de/ado-standards/infomaterial-zum-herunterladen/ (28.2.2021)

Albrecht, P.-A. Die vergessene Freiheit: Strafrechtsprinzipien in der europäischen Sicherheitsdebatte, 3. Aufl. 2011

Baurmann, M. C. Sexualität Gewalt und psychische Folgen: eine Längsschnittuntersuchung bei Opfern sexueller Gewalt und sexueller Normverletzungen anhand von angezeigten Sexualkontakten, Band 15, 2. Aufl. 1996

Ders. Thesen zur notwendigen Professionalisierung der Polizei im Umgang mit Opfern und Zeugen von Straftaten – Opferbedürfnisse, Mitschuldgefühl und Strafbedürfnis sowie die Erwartungen von Kriminalitätsopfern an Politik, Justiz und Polizei, in: Deutsches Polizeiblatt (DPolBl) 2/2000, S. 2-5

Ders. Professionelles Verhalten von Polizeibeamten gegenüber Opfern und Zeugen. Bericht über ein Modellprojekt mit empirischer Begleitforschung, in: Egg, R./Minthe, E. (Hrsg.), Opfer von Straftaten. Band 40, 2003, S. 69-95

Behr, R. Cop Culture – der Alltag des Gewaltenmonopols. Männlichkeit, Handlungsmuster und Kultur in der Polizei, 2. Aufl. 2008

Ders. Polizei. Kultur. Gewalt. Polizeiarbeit in der „offenen Gesellschaft", 2018 https://akademie-der-polizei.hamburg.de/contentblob/11852910/75a9166b46599f532bf9ed48951702e1/data/lehr-studienbrief-polizei-kultur-do.pdf (28.2.2021)

Birkel, C./Church, D./Hummelsheim-Doss, D./Leitgöb-Guzy, N./Oberwittler, D. Der Deutsche Viktimisierungssurvey 2017: Opfererfahrungen, kriminalitätsbezogene Einstellungen sowie die Wahrnehmung von Unsicherheit und Kriminalität in Deutschland, 2019. https://www.bka.de/SharedDocs/Downloads/DE/Publikationen/Publikationsreihen/Forschungsergebnisse/2018ersteErgebnisseDVS2017.html (17.12.2020)

Bitkom, 35 Milliarden Euro Umsatz rund um Smartphones, 2021 https://www.bitkom.org/Presse/Presseinformation/35-Milliarden-Euro-Umsatz-rund-um-Smartphones (8.3.2021)

Bundesamt für Familie und zivilgesellschaftliche Aufgaben (Hrsg.), Beratung in 17 Sprachen. https://www.hilfetelefon.de/das-hilfetelefon/beratung/beratung-in-17-sprachen.html (28.2.2021)

Bundesamt für Familie und zivilgesellschaftliche Aufgaben (Hrsg.), Hilfetelefon „Gewalt gegen Frauen"; Mehrsprachige Beratung nach Anruf durch die Polizei, 2019 https://www.hilfetelefon.de/fileadmin/content/04_Materialien/1_Materialien_Bestellen/Infoblaetter/Polizei/501_HT_Infoblatt_Polizei_bf.pdf (6.3.2021)

Bundesfrauenvorstand der Gewerkschaft der Polizei, Positionspapier „Häusliche Gewalt". Gewalt in sozialen Nahbeziehungen, in: Polizei Dein Partner. Häusliche Gewalt, 2013, S. 3-6

Bundeskriminalamt (Hrsg.), Richtlinien für die Führung der Polizeilichen Kriminalstatistik in der Fassung vom 1.2.2019

Bundeskriminalamt (Hrsg.), Polizeiliche Kriminalstatistik Bundesrepublik Deutschland, Jahrbuch 2019, Band 2 Opfer, 2020

Bundesministerium der Justiz (Hrsg.), Täter-Opfer-Ausgleich in der Entwicklung. Auswertung der bundesweiten Täter-Opfer-Ausgleichs-Statistik für den Zehnjahreszeitraum 1993 bis 2002, 2005

Bundesministerium der Justiz und für Verbraucherschutz (Hrsg.), Merkblatt für Opfer einer Straftat, 2017

Bundesministerium der Justiz und für Verbraucherschutz (Hrsg.), Opferfibel. Informationen für Betroffene von Straftaten rund um das Strafverfahren, 2020

Bundesministerium der Justiz und für Verbraucherschutz (Hrsg.), Traumaambulanzen in Deutschland. https://www.bmjv.de/SharedDocs/Downloads/DE/Themen/OpferhilfeUndGewaltpr%C3%A4vention/Opferbeauftragter/Uebersicht_Traumaambulanzen.html (28.2.2021)

Bundesministerium des Innern/Bundesministerium der Justiz (Hrsg.), Zweiter Periodischer Sicherheitsbericht, 2006

Bundesministerium für Arbeit und Soziales (Hrsg.), Opferentschädigungsrecht, 2016 http://www.bmas.de/DE/Themen/Soziale-Sicherung/Soziale-Entschaedigung/Opferentschaedigungsrecht/oeg.html (1.1.2021)

Bundesministerium für Familie, Senioren, Frauen und Jugend (Hrsg.), Bericht der Bundesregierung zur Situation der Frauenhäuser, Fachberatungsstellen und anderer Unterstützungsangebote für gewaltbetroffene Frauen und deren Kinder, 2. Aufl. 2013. Drucksache 17/10500

Bundesministerium für Familie, Senioren, Frauen und Jugend (Hrsg.), Frauen vor Gewalt schützen – Häusliche Gewalt, 2020 https://www.bmfsfj.de/bmfsfj/themen/gleichstellung/frauen-vor-gewalt-schuetzen/haeusliche-gewalt/haeusliche-gewalt/80642 (28.2.2021)

Bundesministerium für Familie, Senioren, Frauen und Jugend (Hrsg.), Verhütung und Bekämpfung von Gewalt gegen Frauen und häuslicher Gewalt. Gesetz zu dem Übereinkommen des Europarats vom 11.5.2011 (Istanbul Konvention), 2019

Bundesnetzagentur (Hrsg.), Pressemitteilung: Bundesnetzagentur teilt 116 006 für Beratung von Verbrechensopfern und 116 117 für ärztlichen Bereitschaftsdienst zu, 2010 https://www.bundesnetzagentur.de/SharedDocs/Downloads/DE/Allgemeines/Presse/Pressemitteilungen/2010/100616Rufnummernzuteilung116pdf.pdf?__blob=publicationFile&v=3 (28.2.2021)

Burgsmüller, C. Verletztenrechte und Nebenklage, in: Doering-Striening, G. (Hrsg.), Opferrechte. Handbuch des Anwalts für Opferrechte, 2013, S. 21-65

Clages, H./Zimmermann, E. Kriminologie. Für Studium und Praxis, 2. Aufl. 2010

Deiters, M., Legalitätsprinzip und Normgeltung, 2006

Deutscher Juristinnenbund e.V. (Hrsg.), Opferrechte in Strafverfahren wegen geschlechtsbezogener Gewalt. Stellungname vom 22.11.2018. https://www.djb.de/presse/stellungnahmen/detail/st18-18/ (28.2.2021)

Döhring, S. Ist das Strafverfahren vom Legalitätsprinzip beherrscht? 1999

Dölling, D. Zusammenfassung, in: Weisser Ring Stiftung (Hrsg.), Forschungsprojekt. Belastungen von Opfern in Ermittlungsverfahren. Forschungsbericht, 2017, S. 181-185

Erb, V. Legalität und Opportunität. Gegensätzliche Prinzipien der Anwendung von Strafrechtsnormen im Spiegel rechtstheoretischer, rechtsstaatlicher und rechtspolitischer Überlegungen, 1999

Europäische Kommission (Hrsg.), Opferschutz: neue Strategie zur Stärkung der Rechte von Opfern. https://ec.europa.eu/commission/presscorner/detail/de/ip_20_1168 (28.2.2021)

Fastie, F. (Hrsg.), Opferschutz im Strafverfahren. Psychosoziale Prozessbegleitung bei Gewalt- und Sexualstraftaten. Ein interdisziplinäres Handbuch, 3. Aufl. 2017

Feltes, Th. Bürgernahe Polizeiarbeit in Deutschland, in: IFSH (Hrsg.), OSZE-Jahrbuch 2013, 2014(a), S. 241-252

Ders. Die diskursive Rechtfertigung von Gewaltanwendung durch Polizeibeamte, in: Organisationsbüro der Strafverteidigervereinigungen (Hrsg.), Die Akzeptanz des Rechtsstaates in der Justiz. 37. Strafverteidigertag, Freiburg, 2013. Schriftenreihe der Strafverteidigervereinigungen, Band 37. Berlin, 2014(b), S. 121-136

Fiedeler, S. Der Täter-Opfer-Ausgleich – von Opfern und Tätern – im Dialog, in: Bialon, J. (Hrsg.), Opferschutz, 2020, S. 109-123.

Frese, H. Leitlinien für den Umgang mit Kriminalitätsopfern, 2008, in: Hanauer H!lfe e.V. (Hrsg.), Die Entwicklung professioneller Opferhilfe: 25 Jahre Hanauer Hilfe. 2009, S. 35-42.

Dies. 1984-2009. Fünfundzwanzig Jahre Opferhilfe in Hanau, in: Hanauer H!lfe e.V. (Hrsg.), Die Entwicklung professioneller Opferhilfe: 25 Jahre Hanauer Hilfe, 2009, S. 9-14

Fröhlich-Weber, B. Das polizeiliche Ermittlungsverfahren, in: Fastie, F. (Hrsg.), Opferschutz im Strafverfahren. Psychosoziale Prozessbegleitung bei Gewalt- und Sexualstraftaten. Ein interdisziplinäres Handbuch, 3 Aufl. 2017, S. 87-111

Gerson, O. H. Das Recht auf Beschuldigung. Strafprozessuale Verfahrensbalancedurch kommunikative Autonomie, 2016

Gössel, K. H. Überlegungen zur Bedeutung des Legalitätsprinzips im rechtsstaatlichen Strafverfahren, in: Hanack/Rieß/Wendisch (Hrsg.), Festschrift für Hanns Dünnebier zum 75. Geburtstag am 12.6.1982, S. 121-148

Gündner-Eder, E. Vorwort, in: Polizei Dein Partner. Häusliche Gewalt, 2013, S. 1

Guntermann, R. Standards in der Opferhilfe – Zu den Mindestanforderungen an eine professionelle Unterstützung von Kriminalitätsopfern, 1995, in: Hanauer H!lfe e.V. (Hrsg.), Die Entwicklung professioneller Opferhilfe: 25 Jahre Hanauer H!lfe., 2009, S. 23-32

Hartmann, J./ado e.V. (Hrsg.), Perspektiven professioneller Opferhilfe. Theorie und Praxis eines interdisziplinären Handlungsfelds, 2010

Hassemer, W./Reemtsma, J. Ph. Verbrechensopfer. Gesetz und Gerechtigkeit, 2002

Haupt, H./Weber, U./Bürner, S./Frankfurth, M./Luxenburg, K./Marth, D. Handbuch Opferschutz und Opferhilfe, 2. Aufl. 2003

Haus des Jugendrechts (Hrsg.), Zehn Jahre Haus des Jugendrechts Stuttgart. Das erfolgreiche Konzept mit Zukunft, 2009

Haverkamp, R. Die Opferperspektive in der Kriminalprävention (Teil 1). Begriffsverständnis, Opfererfassung und Opfergefährdung, in: Forum Kriminalprävention, 4/2015, S. 45-50

Dies. Die Opferperspektive in der Kriminalprävention (Teil 2). Rechtlicher Rahmen, praktische Ansätze und mediales Interesse, in: Forum Kriminalprävention, 1/2016, S. 45-50

Hellmann, D. F. Repräsentativbefragung zu Viktimisierungserfahrungen in Deutschland. KFN-Forschungsbericht Nr. 122. http://kfn.de/wp-content/uploads/Forschungsberichte/FB_122.pdf (1.1.2021)

Herman, J. Die Narben der Gewalt. Traumatische Erfahrungen verstehen und überwinden, 5 Aufl. 2018

Ders. Die Entwicklung des Opferschutzes im deutschen Strafrecht und Strafprozessrecht – Eine unendliche Geschichte, in: Zeitschrift für internationale Strafrechtsdogmatik, 3/2010, S. 236-245

Hochschule der Polizei Rheinland-Pfalz (Hrsg.), Curriculum der Hochschule der Polizei Rheinland-Pfalz im Bachelorstudiengang Polizeidienst, 2018 https://www.polizei.rlp.de/fileadmin/user_upload/HdP/Dokumente/Modulhandbuch_01_10_2018.pdf (28.2.2021)

Hochschule für Polizei und öffentliche Verwaltung Nordrhein-Westfalen (Hrsg.), Modulhandbuch Bachelorstudiengang PVD 2016. Ab dem Einstellungsjahrgang 2020. Fachbereich Polizei. https://www.hspv.nrw.de/studium/bachelorstudiengaenge/studienvorschriften-inhalte/pvd/#c1344 (28.2.2021)

Hofmann, R. Opferhilfe in der polizeilichen Ausbildung. Ideenwettbewerb: ein alternativer Weg im Repetitorium?, in: Die Kriminalpolizei, 3/2010, S. 4-7

Hubig, S. Die historische Entwicklung des Opferschutzes im Strafverfahren, in: Fastie, F. (Hrsg.), Opferschutz im Strafverfahren. Psychosoziale Prozessbegleitung bei Gewalt- und Sexualstraftaten. Ein interdisziplinäres Handbuch, 3. Aufl. 2017, S. 67-86

Hüls, S. Polizeiliche und staatsanwaltliche Ermittlungstätigkeit. Machtzuwachs und Kontrollverlust, 2007

Jesionek, U. Gefährdung und Gefahren durch Verfahrensbeteiligte, in: Weisser Ring e.V. (Hrsg.), Ängste des Opfers nach der Straftat. Dokumentation des 22. Mainzer Opferforums 2011, 2012

Kiefl, W./Lamnek, S. Soziologie des Opfers. Theorie, Methoden und Empirie der Viktimologie, 1986

Kilchling, M. Opferinteressen und Strafverfolgung. Kriminologische Forschungsberichte aus dem Max-Planck-Institut für ausländisches und internationales Strafrecht, Band 58, 1995

Ders. Forschungsergebnisse aus viktimologischer und psychotraumatologischer Perspektive, in: Hartmann, J./ado e.V. (Hrsg.), Perspektiven professioneller Opferhilfe. Theorie und Praxis eines interdisziplinären Handlungsfelds, 2010, S. 39-50

Kindhäuser, U./Schumann, K. H. Strafprozessrecht, 5. Aufl. 2019

Kriminologische Zentralstelle e.V. (Hrsg.), ODABS. Das Projekt. https://www.odabs.org/ueber-odabsorg/das-projekt.html (28.2.2021)

Kruse, A./Schmitt, E./Hinner, J. Qualitative Interviews, in: Weisser Ring Stiftung (Hrsg.), Forschungsprojekt. Belastungen von Opfern in Ermittlungsverfahren. Forschungsbericht, 2017, S. 47-101

Kühne, H.-H., Strafprozessrecht: Eine systematische Darstellung des deutschen und europäischen Strafverfahrensrechts, 9. Aufl. 2015

Kunz, K.-L./Singelnstein, T. Kriminologie, 7. Aufl. 2016

Kury, H. Entwicklungslinien und zentrale Befunde der Viktimologie, in: Hartmann, J./ado e.V. (Hrsg.), Perspektiven professioneller Opferhilfe. Theorie und Praxis eines interdisziplinären Handlungsfelds, 2010, S. 51-72

Landau, H. Grußwort, in: Egg, R./Minthe, E. (Hrsg.), Opfer von Straftaten, Band 40, 2003

Landesamt für Soziales, Jugend und Versorgung Rheinland-Pfalz (Hrsg.), OEG-Traumaambulanzen. https://lsjv.rlp.de/de/unsere-aufgaben/sozialeentschaedigung/oeg-traumaambulanzen/ (28.2.2021)

Lange, H.-J. (Hrsg.), Wörterbuch zur Inneren Sicherheit, 2006

Leuschner, F./Schwanengel, C. Atlas der Opferhilfe in Deutschland, Band 69, 2015

Linke, M. Die Opferperspektive in der Berliner Polizei – zur notwendigen Vernetzung der Akteure der Opferhilfe, in: Hartmann, J./ado e.V. (Hrsg.), Perspektiven professioneller Opferhilfe. Theorie und Praxis eines interdisziplinären Handlungsfelds, 2010, S. 147-188

Luscher, M. Professionelle Hilfe für Opfer von Straftaten, in: Die neue Polizei, 56/2006, Heft 3, S. 50

Märkert, W. Das 3. Opferrechtsreformgesetz. Eine Verbesserung der Opferrechte mit zusätzlichen Anforderungen an die Ermittlungsbehörden, in: Der Kriminalist, 09/2016, S. 4-12.

Ministerium des Innern und für Sport Rheinland-Pfalz, Opferschutz https://www.polizei.rlp.de/de/aufgaben/opferschutz/ (28.2.2021)

Naucke, W. Legalitätsprinzip, strafrechtlich. http://www.enzyklopaedie-rechtsphilosophie.net/component/content/article/19-beitraege/111-legalitaetsprinzip-strafrechtlich (28.2.2021)

Nolden, W. Das 3. Opferrechtsreformgesetz und seine Umsetzung im neuen Opfermerkblatt – Eine kritische Betrachtung zu den Informationsrechten des Verletzten innerhalb des Strafverfahrens, in: Bialon, J. (Hrsg.), Opferschutz, 2020, S. 151-179

Ostendorf, H. Strafprozessrecht, 3. Aufl. 2018

Paritätischer Wohlfahrtsverband Landesverband Berlin e. V. (Hrsg.), Strafrechtspflege in den Niederlanden am Beispiel Amsterdam, 2014

Polizeiakademie Niedersachsen (Hrsg.), Modulhandbuch Bachelorstudiengang „Polizeivollzugsdienst (B.A.)", 2019 https://www.pa.polizei-nds.de/download/74507/Modulhandbuch_fuer_Studiumbeginn_ab_01.04.2018_Stand_05.11.2019.pdf (28.2.2021)

Priet, R. Fachberatung für Kriminalitätsopfer. Opferberatung in der Opferhilfe Land Brandenburg e.V., in: Hartmann, J./ado e.V. (Hrsg.), Perspektiven professioneller Opferhilfe. Theorie und Praxis eines interdisziplinären Handlungsfelds, 2010, S. 155-188

Püschel, Ch. Fehlerquellen in der Sphäre von Staatsanwaltschaft und Polizei, in: Strafverteidiger Forum, 7/2015, S. 269-278

Pütter, N. Polizei und Staatsanwaltschaft, in: *Lange, H.-J.* (Hrsg.), Die Polizei der Gesellschaft. Zur Soziologie der Inneren Sicherheit, 2003, S. 265-301

Putzke, H./Scheinfeld, J. Strafprozessrecht, 8. Aufl. 2020

Ramson, S. Viktimologie. http://www.krimlex.de/suche_artikel.php?KL_ID=203&KL_SUCHE=Opfertypologie&SEARCH_HIT_NUMBER=2&BUCHSTABE=V (1.1.2021)

Reuband, K.-H., Vertrauen in die Polizei und staatliche Institutionen: Konstanz und Wandel in den Einstellungen der Bevölkerung 1984-2011, in: Soziale Probleme, 23/2012, Heft 1, S. 5-39

Roxin, C./Schünemann, B. Strafverfahrensrecht, 29. Aufl. 2017

Sacco, S. Häusliche Gewalt – Kostenstudie für Deutschland. Gewalt gegen Frauen in (ehemaligen) Partnerschaften, 2017

Sautner, L. Viktimologie. Die Lehre vom Verbrechensopfer, 2014

Schmitt, B. in: Meyer-Goßner, L./Schmitt, B. (Hrsg.), Strafprozessordnung mit GVG und Nebengesetzen 63. Aufl. 2020

Schneider, H. J. Viktimologie. Wissenschaft vom Verbrechensopfer, 1975

Ders. Täter, Opfer und Gesellschaft. Der gegenwärtige Stand der kriminologischen Verbrechensopferforschung – zugleich ein Bericht über das 13. internationale Symposium für Viktimologie in Mito/Japan (2009), in: Monatsschrift für Kriminologie und Strafrechtsreform, 93. Jahrgang, Heft 4 (August) 2010, S. 313-334

Ders. Kriminologie. Ein Internationales Handbuch, Band 1, 2014

Schroeder, F.-Ch./Verrel, T. Strafprozessrecht, 7. Aufl. 2017

Schwind, H.-D. Kriminologie und Kriminalpolitik – Eine praxisorientierte Einführung mit Beispielen, 23. Aufl. 2016

Stahlmann-Liebelt, U. Tätigkeiten im staatsanwaltschaftlichen Ermittlungsverfahren mit kindlichen und jugendlichen Verletzten, in: Fastie, F. (Hrsg.), Opferschutz im Strafverfahren. Psychosoziale Prozessbegleitung bei Gewalt- und Sexualstraftaten. Ein interdisziplinäres Handbuch, 3. Aufl. 2017, S. 152-168

Stang, K./Sachsse, U. Opfer von Straftaten zwischen Justiz und Traumatherapie – Konkurrenz oder Kooperation?, in: Hanauer H!lfe e.V. (Hrsg.), Die Entwicklung professioneller Opferhilfe: 25 Jahre Hanauer H!lfe., 2009, S. 119-131

Steffen, W. Gutachten für den 18. Deutschen Präventionstag: Mehr Prävention – weniger Opfer, in: Marks/Steffen (Hrsg.), Mehr Prävention – weniger Opfer. Ausgewählte Beiträge des 18. Deutschen Präventionstages 2013, S. 51-122

Treibel, A. Traumaambulanzen für Gewaltopfer – das Ende der Versorgungslücke? Forensische Psychiatrie, Psychologie, Kriminologie, Band 7, Heft 1.2.2013, S. 67-69

United Nations Development Programme (Hrsg.), Development of a Witness and Victim Support System. Croatian experience: good practices and lessons learned, 2014

Universitätsmedizin Mainz – Institut für Rechtsmedizin, Rechtsmedizinische Hilfe nach körperlicher und sexualisierter Gewalt https://www.frauennotruf-mainz.de/files/downloads/flyer_forensische_ambulanz.pdf (6.3.2021)

Voß, H.-G. W. Professioneller Umgang der Polizei mit Opfern und Zeugen: Eine Evaluationsstudie, 2001(a)

Ders. Zur Bürgernähe der Polizei. Lässt sich der Umgang mit Geschädigten verbessern?, in: Balß/Baurmann/Lieser/Rein/Voß Opfer und Zeugen bei der Polizei. 2001(b), S. 159-191

von Hentig, H. The Criminal and His Victim. Studies in the Sociobiology of Crime, 1948

Weigend, Th. „Die Strafe für das Opfer"? – Zur Renaissance des Genugtuungsgedankens im Straf- und Strafverfahrensrecht, in: Rechtswissenschaft, 1. Jahrgang, Heft 1.1.2010, S. 39-57

Weisser Ring e.V. (Hrsg.), Ängste des Opfers nach der Straftat. Dokumentation des 22. Mainzer Opferforums 2011, 2012

Ders. Standards für Opferhilfe im Weissen Ring, 2016 https://www.google.com/url?sa=t&rct=j&q=&esrc=s&source=web&cd=&ved=2ahUKEwjFueXJ5YLtAhVGzKQKHah0BUkQFjABegQIBBAC&url=https%3A%2F%2Fweisser-ring.de%2Fsystem%2Ffiles%2Fdomains%2Fweisser_ring_dev%2Fdownloads%2Fbroschuerestandardsfuerdieopferhilfe_0.pdf&usg=AOvVaw339aw7rNgSM9zcsIEeBTCZ (28.2.2021)

Ders. Traumatisiert (Broschüre), 2014 https://weisser-ring.de/system/files/domains/weisser_ring_dev/downloads/layoutweisserringevfalt-blatt120814fl.pdf (28.2.2021)

Welt, Polizei und Ärzten vertrauen die Deutschen am meisten, 2020. https://www.welt.de/vermischtes/article204796452/Institutionen-Polizei-und-Aerzten-vertrauen-die-Deutschen-am-meisten.html (26.2.2021)

Zypries, B. Vorwort, in: Fastie, F. (Hrsg.), Opferschutz im Strafverfahren. Psychosoziale Prozessbegleitung bei Gewalt- und Sexualstraftaten. Ein interdisziplinäres Handbuch, 3. Aufl. 2017, S.9-10

Literatur- und Quellenverzeichnis

Weiterführende Literatur:
Brendel, E./Hauer, J./Kische, S. Polizeiliche Ermittlungen im Strafprozess – Eine fallorientierte Darstellung für Ausbildung und Praxis, 2. Aufl. 2019

Clages, H./Ackermann, R. Der rote Faden – Grundsätze der Kriminalpraxis, 14. Aufl. 2019

Soiné, M. Ermittlungsverfahren und Polizeipraxis – Einführung in Recht und Organisation, 2. Aufl. 2019

Sachverzeichnis

Die Zahlen verweisen auf Seitenangaben.

1. Opferrechtsreformgesetz 44
2. Opferrechtsreformgesetz 44
3. Opferrechtsreformgesetz 45

Anfangsverdacht 20
Anklagezwang 13
Antragsdelikt 70
Anzeigeverhalten 36, 65
Arbeitskreis der Opferhilfe in Deutschland e.V. (ado) 54
Aufklärungsquote 68

Cop Culture 79

Doppelrolle der Polizei 16
Dunkelfeld 36

EU-Strategien für die Rechte von Opfern 49

Gamifacation 120
Gefahrenabwehrbehörde 16
Gefahrengemeinschaft 81
Generalprävention 72
Gesetz zur Regelung des Sozialen Entschädigungsrechts 48
Gesetz zur Stärkung der Rechte von Opfern sexuellen Missbrauchs 45
Gewaltenteilung 9
Gewaltschutzgesetz 43

Hanauer Hilfe e.V. 53
Haus des Jugendrechts 107
Haus des Opferschutzes und der Opferhilfe (HdOO) 107
Hellfeld 36
Hilfescheck 73

Hilfetelefon 123

Informationsdefizit 68
Istanbul-Konvention 47

Klageerzwingungsverfahren 10
Kriminalpolitik 71

Legalitätsgrundsatz 8
Legalitätsprinzip 2, 8
Lehrveranstaltungsstunden 86
Lex Emminger 10

Nein heißt Nein 46

Offizialdelikt 69
Online-Datenbank für Betroffene von Straftaten (ODABS) 58, 128
Opferbegriff 24
Opferentschädigungsgesetz 41, 118
Opferfibel 121
Opferhilfe 52
Opfer-Hilfe-App (OHA) 130
Opfermerkblatt 117
Opferschutz 40
Opferschutzbeauftragter 94
Opferschutzgesetz 42
Opfertypologie 23, 28
Opportunitätsprinzip 2, 10, 13

Polizeidienstvorschrift 16
Polizeiliche Kriminalstatistik (PKS), 27
Polizeilicher Opferschutz 50
Präventionsarbeit 51
Programm Polizeiliche Kriminalprävention der Länder und des Bundes (ProPK) 122

Sachverzeichnis

Psychosoziale Prozessbegleitung 47

Rechtsstaatsprinzip 9, 12, 15, 21
Reformprozess 41
Reichsstrafprozessordnung 9

Strafantrag 70
Strafvereitelung im Amt 74
Strafverfolgungsbehörde 17

Täter-Opfer-Ausgleich 25, 42
Trauma 31
Traumaambulanz 54, 56

Verfahrenshindernis 14
Verurteilungsquote 68
Victim Blaming 33

Victim Support Europe 53
VIKTIM 68
Viktimisierung 22, 30
– primär 31
– quartär 35
– sekundär 32
– tertiär 34
Viktimisierungsfurcht 31
Viktimologie 22
Viktimologische Forschung 23

Weisser Ring e.V 53
Wertewandel 89
Willkürverbot 15

Zeugenschutzgesetz 43
Zeugnisverweigerungsrecht 76

Grundlagen Kriminalistik

Kriminalistik-Lexikon*
Herausgegeben von Prof. Dr. med. Dr. phil. Ingo Wirth. Unter Mitarbeit von Diplomkriminalist Jan Grübler, Matthias Lapp, Dr. med. habil. Matthias Lammel, Dr. jur. Holger Roll, Prof. Dr. jur. Michael Soiné, Prof. Dr. Frank Robertz, Dr. jur. Alfred Stümper.
5., neu bearbeitete Auflage 2021.
XXI, 732 S. € 40,– ISBN 978-3-7832-0062-1

Opferschutz und Opferhilfe*
Handlungsempfehlung für die Polizeiarbeit
Von M. Carolin Blum.
2021. XI, 146 S. € 26,– ISBN 978-3-7832-0064-5

Politisch motivierte Kriminalität*
Radikalisierung und Extremismus
Von Prof. Dr. Stefan Goertz und Martina Goertz-Neumann.
2., neu bearbeitete Auflage 2021.
XIV, 250 S. € 28,– ISBN 978-3-7832-0059-1

Clankriminalität*
Phänomen - Ausmaß - Bekämpfung
Von Prof. Dr. Dorothee Dienstbühl.
2021. XIX, 214 S. € 26,– ISBN 978-3-7832-0061-4

Internetkriminalität*
Phänomene – Ermittlungshilfen – Prävention
Von Michael Büchel und Peter Hirsch.
2., neu bearbeitete Auflage 2020.
XX, 180 S. € 28,– ISBN 978-3-7832-0057-7

Kriminalistisches Denken*
Begründet von Prof. Dr. Hans Walder † und Dr. Thomas Hansjakob †. Fortgeführt von Prof. Thomas E. Gundlach und Dr. Peter Straub.
11., völlig neu bearbeitete und erweiterte Auflage 2020. XVI, 464 S. € 28,–
ISBN 978-3-7832-0056-0

Alle lieferbaren Kriminalistik-Titel jetzt bei:
www.otto-schmidt.de

Polizeiliche Ermittlungen im Strafprozess*
Eine fallorientierte Darstellung für Ausbildung und Praxis
Von RAin Eva Brendel, Prof. Dr. Judith Hauer und Prof. Dr. Sascha Kische.
2., völlig neu bearbeitete Auflage 2019.
X, 167 S. € 24,– ISBN 978-3-7832-0052-2

Der rote Faden*
Grundsätze der Kriminalpraxis
Herausgegeben von Horst Clages und Prof. Dr. Rolf Ackermann.
14., neu bearbeitete Auflage 2019.
XXVIII, 711 S. € 34,– ISBN 978-3-7832-0054-6

Ermittlungsverfahren und Polizeipraxis*
Einführung in Recht und Organisation
Von Prof. Dr. Michael Soiné.
2., neu bearbeitete und erweiterte Auflage 2019. XIX, 162 S. Kartoniert. € 24,–
ISBN 978-3-7832-0155-0

Islamistischer Terrorismus*
Analyse - Definitionen - Taktik
Von Prof. Dr. Stefan Goertz.
2., neu bearbeitete Auflage 2019.
XXIV, 223 S. € 27,– ISBN 978-3-7832-0049-2

Bild- und Tonaufnahmen von Polizeieinsätzen*
Strafbarkeit - Maßnahmen - Praxisempfehlungen
Von Martin Wiacek.
2018. XIV, 225 S. € 24,99 ISBN 978-3-7832-0153-6

Kriminalstrategie*
Von Ralph Berthel und Matthias Lapp.
2017. XII, 204 S. € 24,99 ISBN 978-3-7832-0037-9

*Auch als ebook erhältlich

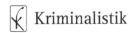

Grundlagen
Kriminalistik

Strafprozessordnung
Kommentar für Polizeibeamte im Ermittlungsdienst

Von Professor Dr. jur. Michael Soiné.
Loseblattwerk in 2 Ordnern.
Ca. 3.600 Seiten. € 104,–*
Sonderpreis für Abonnenten der
Zeitschrift **Kriminalistik**: € 80,–*
ISBN 978-3-7832-0577-0

*zur Fortsetzung für mind. 12 Monate
(ca. 4 Aktualisierungen pro Jahr)

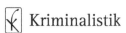
Jetzt zur Ansicht bestellen!

C.F. Müller GmbH, Waldhofer Str. 100, 69123 Heidelberg
Alle lieferbaren Titel jetzt bei: www.otto-schmidt.de

Kriminalistik